あなたの会社は原価計算で損をする

【復刻版】

一倉 定

復刻に寄せて

本書は、一倉定が最初に著した書籍である。

原書の発行は1963(昭和38)年。東京オリンピックを翌年に控えた高度経済成長期のただ中にあった。この年、経営コンサルタントとして独立し、その後、多くの著書を世に出すことになる一倉が、1作目のテーマに選んだのが原価管理である。

それはなぜか。一倉定研究会の理事を務める税理士の山本敏彦氏は、1962年に旧大蔵省により「原価計算基準」が制定されたことを指摘する。

これは企業会計原則の一環として原価計算の一般的基準を示したもので、今に至るまで一度も改訂されていない。その内容は企業会計の指針にはなったものの、財務会計を念頭に置いており、経営に直結する管理会計からは遠いものだった。

そこに一倉は憤りを覚えたのである。全社員が頑張って利益を稼いだと思ったのに、蓋を開けてみると見当違いの方向で努力をしていたという会社を、一倉はたくさん見てきた。会社員時代の一倉自身が勤めていた会社もその一つであり、最終的には倒産する。生産技術部門で働いていた一倉は、生産現場の能率化だけでは何の意味もないことを悟った。そしてまた、個々の製品の採算に頓着せず、ただひたすら売り上げを伸ばそうという戦略なき経営も、切り捨てなければならないと断じたのである。

だからこそ、国が作った原価計算基準が「全部原価計算」に終始し、経営判断において使いものにならないことが許せなかったのである。原価計算基準を制定した翌年、それを真っ向から否定する本書を出版したのは、「反逆以外の何ものでもない」と山本氏は言う。

反逆はこの後も続く。2作目となる『マネジメントへの挑戦』(1965年)は、内部の組織管理ばかりに目を向けて市場活動を怠り、環境変化にのまれていく間違った経営がはびこっていることに対し、怒りをぶちまけた。同じく技報堂より出した3作目の『ゆがめられた目標管理』(1969年)は、米国から持ち込まれた目標管理制度をありがたく実践したところ、目標は達成したのに赤字になる企業が続出する事態に強く警鐘を鳴らした。

それぞれが、当時流布している経営への反逆であった。『マネジメントへの挑戦』では一倉自身が「これは挑戦の書であり、反逆の書である」と明確に記している。

このように一倉の初期著作3点の幹を構成するのは、思考停止に陥った経営者たちへの反逆である。この世の中で何が正解なのか。周囲の風潮に流されたり、外的環境の変化や社員の能力不足に責任をなすりつけたりして、自分の頭で考えない経営者を目の当たりにすると、一倉はいつも堪忍袋の緒が切れた。

1冊目の本書では、すべての経費を割り振る全部原価計算を否定し、変動費の動きを注視する直接原価計算の重要性をあの手この手で説いている。後年、一倉が実施した経営者セミナーの初日の講義は「決まって利益計画についてであり、丸一日かけてその作成方法を指導した」と、一倉の二男、一倉健二氏は述懐する。

繰り返すが、本書が最初に発行されたのは1963年である。一倉が舌鋒鋭く教える原価管理は、低成長時代に入った21世紀の今、強い危機感をもって求められている。高度成長時代にあって経営の本質を見逃さなかったのは「伝説のコンサルタント」の面目躍如である。

一倉伝説はこの本から始まった。とくとご覧いただきたい。

日経トップリーダー編集部

（注）本書の初版は一九六三年十月三一日発行の『あなたの会社は原価計算で損をする』（技報堂）である。企業の社名などは初版時のものである。参考までに貨幣価値は、当時の一円が現代のおよそ四円の価値に相当する。また、読み進める上で補足が必要と思われる部分は各章ごとに注釈を付けた。その他、文意を変えない範囲で一部表記を変えた箇所もある。現代においては差別的とみられる表現などは削除・修正した。

まえがき

「原価はいくらか」ということは、経営者にとっては切実な問題である。それだからこそ、貴重な費用と労力を使って、原価を計算させるのであるが、果して経営者はその結果に満足しているであろうか。

経営者は、経理マンから提出された原価計算を見たときに、その難解な理論と独善的な手法にまず反発を感じ、次にはそこに示された数字に、何かわからぬが、現実との遊離を嗅ぎとるのである。

しかし、専門家の理路整然とした説明を受けると、なんらの理論的反論も実際的反証もあげ得られずに、納得のいかないままに承認しなければならないという奇妙な立場に追い込まれるのである。であるから、いったん事あるときには、原価計算の結果を無視して、勘と度胸によって決定を下すことが多いのである。無視するような原価計算なら、やらないほうがいいということになりそうなものであるが、やらなければ不安でもあり、ここに経営者の困惑がある。〝半信半疑〟こそ、従来の原価計算の受ける待遇である。

このような待遇を受けるのには、それだけの理由があるのであって、経営には役にたたぬだけではなく、大きな害毒を流しているのである。それを経理の門外漢である経営者は、それがどのようなものであるかはわからず、本能的に感じとっているのである。害毒がどこにあり、どのようなものであるのかもわからないのでは、大問題である。ヘタをすると、会社をつぶす結果にもなる。

われわれは、このような状態をいつまでも放っておくことはできない。経営はますますむずかしくなりつつあるのだ。

本書はこうした背景のもとに、企業体の中に深く根を下した伝統的な会計理論——それは企業会計原則に盛られている——の幻術の正体をあばき、矛盾を解明し、〝原価の迷信〟を打破することを第一のねらいとしている。

第二のねらいは原価概念の拡大である。単なる原価という経理的なものだけではなく、幅広い前向きの〝生産性向上〟への指標と用具としての原価概念と、その発展の方向を探求したことである。

こうした方向をとることが原価計算の究極の目的に合うことではないのだろうか。そのためには、原価を〝経理の塔〟から引っぱり出して、経営者、技術者をはじめ、広く大衆のものにしなければならない。

本書はこうした意図のもとに書かれたものであり、そのために、つとめて身近な引例と平易な表現を用いて、理解を容易にするように配慮したつもりであるが、浅学非才に加うるに乏しい筆力、果してどの程度この意図が達せられたか、著者自身全くわからないのである。賢明な読者諸兄が、本書から何物かをつかんでいただくことができれば、著者の喜びである。

昭和三十八年五月　　一倉　定

あなたの会社は

原価計算で損をする

目次

1章

経営の悪夢

——全部原価計算の話——

1・1 やるが是か、やらざるが非か

ある会社の例である。その会社には、非常に仕事熱心な経理課長がいて、「当社もすでに資本金五、〇〇〇万円に達した。いつまでも商業会計をやっていたのではダメで、どうしても工業会計に切り替える必要がある。そして、すべての原価を製品別、部門別、工程別に把握して、確固たる数字の基礎の上に立って経営を行わなければならない」と主張していた。

幸いにも(?)顧問弁護士や計理士(＊1)の口添えもあり、その主張が通り、経理課長は、まさに天を突くほどの意気で、原価計算制度の整備に着手したのである。

ああ、しかし、これがその後における、会社をあげての原価計算劇のテンヤワンヤの幕開きとなったのである。

まず最初に経理課員の増員だ。総員二〇〇名の会社に、原価計算のために大学出が五名も新規採用され、人件費の急増をみた。

原価計算に必要ないろいろな伝票が、他の課にはなんの相談もなく、経理課長の一方的見解によって作られ、説明会なる名目によって各部門に押しつけられて、報告が求められた。経費

と手間の増加である。

経理課では各自の分担が決められ、机の配置まで変えて大張り切りだが、張り切っているのは経理課だけで、他の部門は余分な仕事ができたとばかりに迷惑顔である。

いよいよ経費の配賦(割掛けのこと)が始まった。ところが、寮の光熱費の割掛けで早速議論百出である。入寮者には現場の人間もいれば、管理部門の人間もいるので、職場別に細分したらたいへんである。賃金もまちまちで、出入りもひんぱんである。

甲論、乙ばく、丙説、丁言乱れ飛んで、その結果がどうなったかは聞きもらしたが、経理課の見解だけで処理されたことは確かで、なんらかの基準を作って割掛けが行われたのであろう。その他モロモロの費用も、素人にはわからない高級な理論と、専門技術と、経理課の独断によって割掛けが行われた。

こうして計算された数字は、各部門の管理者の責任として、提示される仕組みなのである。経理の暴力でなくて何であろうか。天災ならぬ人災も、ここにきわまったといえよう。その結果は、お決まりの「原価が高い」というモンクが部門管理者に飛んだが、経理課長は他人事のように涼しい顔をしていて、自分の課の人件費の増加が製品の原価を上げていることは、知らぬ顔の半兵衛である。

現場では、カンカンだ。

「われわれは汗水たらし、身を粉にして働いている。それなのに、間接部門では余分な人間をかかえて、ブラブラさせている。それらの費用を、われわれの造る製品に負担させて、それで原価が高いといって、モンクをいってくる。こんなバカな話があるか。本家の経理課の人数でも減らしたらどうだ」

営業課でもプンプンである。

「原価計算は確かに必要かも知れない。しかし、見積りに原価計算係がタッチするようになってから、すごく高いものになった。原価が高くつくのは、そのとおりかも知れないが、世間相場というものがある。このような状態では、新しい仕事は何も取れない」

ＩＥ（インダストリアル・エンジニアリング―生産技術といわれる）部門のサムライ達にかかると、シンラツだ。作業改善によるコスト・ダウンの実績をもっているから、たまらない。

「いったい、あの原価計算から、どうしたら原価が下げられるか、また収益を多くすることができるか、ということは何も出てこないじゃないか。それに、あの割掛けというのは何の病にきくんだい」

たまたま、その会社で発売してまもない製品があったのだが、その製品の月次損益計算に、不思議な現象が起こったのである。

いま、仮に九月と十月としてみる。九月には、見込みによってたくさん造ったものが、意外に売れ行きが悪く、ストックが大幅に増加してしまった。そこで、十月には生産を控えてみたところが、売れ行きは予想外によく、九月の数倍も売れた。

ところが、その月次損益計算は、九月は黒字で、十月は赤字なのだ。製造部門責任者のＩ君は、なんとも納得がいかず、経理課長に説明を求めた。専門家である経理課長の説明に、素人のＩ君は一応納得はしたものの、現実にはどうしても九月が赤字で、十月が黒字としか考えられないのである。Ｉ君の心には、なんとしても理屈では割り切れない疑問が残ってしまった。

いったい、経理技術者の作成した原価計算書は、経営者にとって、本当に経営の参考になっているのだろうか。〝原価は原価、経営は経営〟というような態度をとってはいないだろうか。管理者の原価切下げ活動に有力な情報を提供しているだろうか。また業績評価のための役割を果しているだろうか。答は全部「ノー」である。

原価計算ほど、経営者から期待されながらも、疑いの目をもってみられ、営業部門からは敬遠され、現場からは目のカタキにされ、技術部門から無視されているものはないだろう。なぜ、伝統的な原価計算は、このように実務から浮き上がってしまっているのであろうか。どこかに大きな間違いがあるとしか考えられない。

その通りで、大きな間違いがあるのだ。

それでは、どこが、どのように間違っているのだろうか。この点からハッキリさせていきたいと思う。

1・2 スキー宿の原価計算

あるスキー宿の話である。

こうした業種では、季節的変動が大きいので、従来の原価計算では相当問題がある。ちょっとその内容をのぞいてみよう。

「この宿では、冬期は一カ月三〇〇人の客があり、夏期は一カ月三〇人の客しかない。その宿賃は一、〇〇〇円である。一カ月の固定費（一般管理費などのように、製品の生産高とか、旅館でいえば客の数とは無関係に、期間に比例して発生する費用）は六〇、〇〇〇円であり、比例費（材料費や旅館の客の食料費などのように、製品や客の数に比例して発生する費用）は一人三〇〇円である」

というのである。

専門家がこの宿の原価計算をしたところ、一人当りの固定費が

冬期　六〇、〇〇〇（円）÷ 三、〇〇（人）　＝ 二〇〇円

夏期　六〇、〇〇〇（円）÷ 三〇（人）　＝ 二、〇〇〇円

かかるから、

	比例費		固定費		原価
冬期	三〇〇（円）	＋	二〇〇（円）	＝	五〇〇円
夏期	三〇〇（円）	＋	二、〇〇〇（円）	＝	二、三〇〇円

と、こういう結果が出た。

〔このように、固定費を単位当り材料費や、客の人数に割掛ける計算のやり方を、全部原価計算（Total Costing）という〕

さあ、ことである。冬期は黒字だからいいとして、夏期は一、〇〇〇円で客を泊めたら、一人当り一、三〇〇円の赤字となる。赤字経営は許されないからといって、二、三〇〇円以上の宿賃にしたら、泊りに来る客はいなくなるだろう。あなたが、もしもこの宿の経営者であったなら、この原価計算を見せられたときに、どのように考え、どのような手を打ちますか。

おそらくこの原価計算からは、「どのようにしたらいいか」ということは、何も出てこないと思う。出てこないのがあたりまえなのである。

原価というものは、計算すればそれで済むというものではないはずだ。問題解決に役だってこそ意味があるというもので、従来の原価計算は、その点になると全然パーなのである。問題を解決できない原価計算なんてものは、気の抜けたビールより、もっと存在価値の薄いものであろう。

この宿の経営者は、こんなアホらしい原価計算なんかには目もくれずに、夏期サービスと銘うって、一泊八〇〇円の料金を打ち出したのである。効果はたちまち表われて、一カ月八〇人の客があった。

ここで、それぞれの場合の損益計算をしてみよう。

a）2,300円の宿賃にして、客が1人もなかった場合。

収　入（0人）		0円
支　出		
比例費	0円	
固定費	60,000 〃	60,000 〃
損　益		△60,000円

（注：△印は損失）

b）1,000円の宿賃で、客が30人の場合。

収　入		
宿賃（30人）	30,000円	30,000円
支　出		
比例費（30人）	9,000 〃	
固定費	60,000 〃	69,000 〃
損　益		△39,000円

c）800円の宿賃で、客が80人の場合。

収　入		
宿賃（80人）	64,000円	64,000円
支　出		
比例費（80人）	24,000 〃	
固定費	60,000 〃	84,000 〃
損　益		△20,000円

どうだろうか。専門家の原価計算をうのみにして二、三〇〇円の宿賃にしたら、客が一人もなく、一カ月六〇、〇〇〇円の赤字となる。

原価計算などせず何も手を打たずにいた場合には、三九、〇〇〇円の赤字である。なまじ原価計算などせずに、ぼんやりしていたほうがましだ。専門家の原価計算からは、どうしても考えられない八〇〇円のサービス料金にしたところ、二〇、〇〇〇円の損で食い止め、その上五〇人の新客という、金で計算できない実績を得られたのだ。客がなかった場合に比較したら四〇、〇〇〇円の増収、三〇人の場合に比較しても、なお一九、〇〇〇円の収益増である。これが経営というものであろう。どうも、全部原価計算というものは、経営とは別なもののようだ。

〝原価は原価、経営は経営〟と考えたくなるではないか。一般の会社の場合にも、程度の差こそあれ、こうした事例がしばしば起こっているのであって、このスキー宿の原価計算が、他人事ではないのである。

仕事が少なくて、暇なときに、新しい仕事の見積りをする場合に、全部原価計算の定石に従って固定費を製品に割掛けて計算をするので、とんでもなく高い原価となり、「原価がこれこれなのだから」と経理マンに説明されると、「損する仕事はできない」とばかりに高い見積りをして仕事を逃し、知らぬ間に損を大きくしているのである。〝知らぬが仏〟とはこのことであろう。〝経営いろはかるた〟には、赤トンボの代わりに、赤字を頭に載せたお地蔵さんを描いたらいいと思う。

経営というものは、もうからないときには損を少なくすることが大切なのは、いうまでもないが、残念ながら、全部原価計算からはスキー宿の例にもみられるように、どうすれば損を少なくすることができるかという資料は何も得られないのである。裏返していえば、「どうすれば収益を多くすることができるか」ということがわからないということになる。

〝全部原価〟とかけて〝死亡診断書〟と解く。心は……〝処置なし〟。死亡診断書に用はない。われわれの実際にほしいのは〝健康診断書〟なのである。

ところで、不思議なのは、全部原価計算からは夢にも考えられない八〇〇円のサービス料金を打ち出して損を少なくした経営者の決断、すなわち〝経営政策の決定〟はどこから、どうして出てきたのであろうか、ということである。経験と勘から生まれたものなのだろうか、それともマグレ当りなのだろうか。〝売れないときには安くなる〟という経済原則に従ったのには違いないが、それではなぜ九〇〇円あるいは七〇〇円という料金にしなかったのだろうか。

この経営者は、ヤマカンではなく、正しい原価計算を行ってみて、その上に市場の動向や客の心理を見通し、相当な確信をもって打ち出したのである。すなわち、〝事前に損益を推定できる原価計算〟を行ったもので、これがわれわれの求める〝健康診断書〟なのだ。

では、その経営者の行った〝正しい原価計算〟とはどのようなものであろうか。詳しくは、「2章　2・8　売価はどのようにして決定するか」のところで述べることにし、ここでは、まず今までの原価計算のやり方が、いかにダメなものであるかを明らかにするに止めておこう。

1・3 ベラボウとノッペラボウ

次へ進もうとしたところ、全部原価氏から反論がはいった。それは次のような要旨のものである。

「この旅館のような場合には、夏期に過重になる固定費を繰り延べて、年間を通じて均分化すべきものである。すなわち、

$$\frac{60{,}000\,(\text{円})\times 2}{300\,(\text{人})+30\,(\text{人})}=\frac{120{,}000}{330}\fallingdotseq 364\text{円}$$

の要領で計算すべきものである。そうすれば、年間平均固定費は一人当り三六四円ほどになる。したがって、原価は夏期も三〇〇(円)+三六四(円)=六六四(円)である。ゆえに、夏期でも一、〇〇〇円の宿賃で一向差支えないのである。これが専門家の原価計算である」

と大見えを切ったのであるが、その後で声を小さくして、

「しかし、いかなる場合にも、こうした均分化がよいとはいいきれない」

とつけたした。

閑散期の原価がベラボウに高くなって、売価（宿賃）とのつりあい上まずいから年間平均負担にせよ、というのであるが、そうすると、今度は完全にノッペラボウになってしまって、どうも現実と遊離する。どちらにしても不合理な点があって困る。〝むずかしきものよ、汝の名を原価計算という〟と嘆いているのだ。

こうした〝均分化論〟はしばしば見受けられるところであるが、なぜ現実に不つりあいな原価と売価をムリにつりあいをとれというのか、了解に苦しむのである。このような計算は現実ばなれの理論遊戯にしかすぎず、経営とは全然別なものだから、相手にならないことが得策なのである。なまじ相手になると、敵はもっともらしい数字を並べて攻撃してくるから、気をつけねばならない。

均分化によっても、何も問題を解決していないことは、わかっていただけたと思う。いや、かえってこんな均分化のために、〝夏期でも損はしていない〟と思い込んだら、どうして夏期に収益を増す手を考えられるだろうか。

だ足ながら、この均分化論に従って、夏期の損益計算をしてみると、左記のようになる。なんたることだろう。一〇、〇〇〇円の黒字だというのである。しかし、現実には三九、〇〇〇円の赤字なのだ。現実ばなれの空論でなくてなんであろう。

ここで野球の例を引いて説明してみよう。

A・B両チームの試合結果である。

収　入（売上）		
宿賃（30人）	30,000円	30,000円
支　出（売上原価）		
	664円×30＝19,920円	19,920円
損　益		10,080円

チーム名	1	2	3	4	5	6	7	8	9	計
Aチーム	0	0	1	0	0	0	0	0	0	1
Bチーム	0	0	0	3	1	0	5	0	×	9

これを均分化論でやってみると、得点にムラがあるから九回を通じて均分化し、Aチームは一回当り1／9点、Bチームは一回当り1点だから、三回までの得点は、1／3：3でBチームがリードしている、というのである。こういう理論を展開したら、「あいつ、頭が少しオカシイのじゃないか」といわれるだろう。

ところが、原価計算の世界では、この考え方が大手を振ってマカリ通っているのだから救われない。野球のスコアだから、これでも笑い話で済むが、これが、もし病人の検温表だったら、どういうことになるだろう。

検温表は、体温を計ってそのままの数字を記入してゆくものである。病状の悪いときは、高熱であるだけでなく振幅も大きくなっているもので、これが快癒するにしたがって熱も下がり、振幅も小さくなり、安定してくる。

この検温表を、一日を通じて均分化し、あるいは一週間を通じて均分化してしまったら、どういうことになるだろう。どんな名医でも、病状を正しくつかむことは困難であるに違いなく、正しい手当はできないだろう。場合によったら、助かる病人を殺してしまうかも知れない。

経営でも同じことだ。やたらに固定費を均分化して、経営の体温（損益）を修正されたのではたまらない。正しく経営のカジをとることなど思いもおよばず、場合によったら、会社の命取りになりかねない。

会計学者にかかったら、病人の検温表は、毎日均分化すべきか、一週間単位にすべきか、あるいは病気の全期間にすべきかについて、大論争が巻き起こり、新研究、新論文が次から次へと発表されることであろう。

1・4 駄鶏淘汰《だけいとうた》

鶏《にわとり》は因果な動物である。

やっと二、三歩しか歩けない囲いの中で、ただ人間に供給するためにのみ卵を生み続け、しかも、卵の生み方が少ないと、容赦なく肉屋に売られてしまうのである。

しかし、養鶏家の立場からすれば、卵の生み方の少ない駄鶏は、淘汰しなければ経営が成り立たないのだから、〝鶏よ、もって冥《めい》すべし……〟というところだろうか。会社でも同じことがいえるのである。割の悪い仕事は止めて、利益の多い仕事に力を入れる、ということは当然であろう。そのためには、原価計算を行ってみるのが定石だが、この原価計算が問題なのである。例をあげてみよう。

ある自家製品を出している会社があった。ごたぶんにもれず、競争会社と火の出るようなせり合いをやっていた。

製品の種類はA・B二種類が主力で、他に若干の製品を造っているが、不安定でその上、金額的にもごくわずかである。A・B両製品は類似のもので、材料費が違うだけで生産工程はほとんど同じなのである。

経営者は、常々「業績を上げるためには、せり合いばかりが能ではない。収益性の低い製品を整理し、利益の大きい製品に主力をおいて、積極的な生産販売を行わなければいけない」と考えていながらも、お得意先との関係もあり、その実行をためらっていたのだが、ついに意を決して、製品整理を断行することにした。〝駄鶏淘汰〟をやろうというのである。

そのためには、収益性の低い商品は何であるかを知らなければならない。

そこで、原価資料の提出が経理課長に命ぜられ、まもなく、経理課長から損益計算書が提出された。それは**〈表1〉**のような内容のものであった（説明の都合上、数字は極端に簡単にしておく）。

早速、幹部会議が招集され、この計算書を中心として、あらゆる角度から、問題が検討された。

表 1　X月損益計算書

製品	売価	製造原価	一般管理費・販売費	単位当り総原価	単位当り利益	生産販売数量	総利益
	Ⓐ	Ⓑ	Ⓒ	Ⓓ＝Ⓑ＋Ⓒ	Ⓔ＝Ⓐ－Ⓓ	Ⓕ	Ⓖ＝Ⓔ×Ⓕ
A	100円	84円	7円	91円	9円	10台	90円
B	160	144	12	156	4	10	40
計							130円

1台当り製造原価内訳

製品	製造比例費	製造固定費	計
A	70円	14円	84円
B	120	24	144

製品は〝A〟に決まった。

利益が大きいのだから異論のあろうはずもなく、また設備や人員も、現状のまま月産二〇台はOKである。

お得意先に対する了解工作案もできた。そこで、すぐに、〈表2〉のような生産販売計画がたてられた。この計画は、満場一致で承認され、六カ月の準備期間を経て、実施に移されることに決定したのである。

周到な計画と努力のおかげで切り替えも順調に行われ、販売も予定通りであった。「よろしい、これでわが社の業績は一段と向上した。後は経理課長の報告で確認をすればいい」というわけである。

全社期待のうちに、損益計算書ができ上がった。ああ、しかし、それを見せられた幹部一同は、「アッ」と息をのんだのである。なんということであろうか。それは〈表3〉のようなもので、利益増加どころか、大幅な利益減だったのである（〈表1〉〈表2〉と比較願いたい）。

表2 生産販売計画表

区分	製品	売価	総原価	単位当り利益	生産販売数量	総利益
X月実績	A	100円	91円	9円	10台	90円
	B	160	156	4	10	40
	計					130円
新計画	A	100円	91円	9円	20台	180円

よくみると総原価が七・五円上がっており、その内訳は、製造原価五円高、一般管理費・販売費二・五円上がりである。

製造原価高の原因は全部製造固定費である。

さっそく、全社をあげて原因の究明につとめたのであるが、どこにも原価の高くなった原因も低くなった原因も発見できなかった。材料単価や外注工賃は不変であり、不良品の増加もなく、また作業時間が増したわけでもなく、一般管理費・販売費の増減もなかったのである。それにもかかわらず、原価は上がっているのだ。いったい、これはどうしたことなのであろうか。

「経営の悪夢」という標題を思い出していただきたい。まさに悪夢でなくてなんであろうか。むろん、計算法が違ったのでもなければ、計算違いでもない。忠実に〝会計の原則〟に従って、誤りなく行われたものである。

一同は頭をかかえてしまった。が、このとき一人

表3　A製品損益計算書

製品	売価	製造原価	一般管理費・販売費	総原価	単位当り利益	生産販売数量	総利益
A	100円	89円	9.5円	98.5円	1.5円	20台	30円

1台当り製造原価内訳

製品	製造比例費	製造固定費	計
A	70円	19円	89円

の幹部が、次のような質問をした。

「もうかるはずのA製品だけを造って、もうけが減ったというのなら、もうからないはずのB製品だけを二〇台造ったら、いったいどうなるのか、ものは試しだ、参考までに計算してみてほしい」

というのである。ほかにもこの発言に賛成の声があり、ともかく、計算してみることになった。

しばらく猶予をもらった経理課長は、大至急計算をしてみたのである。

B製品の売価と製造比例費は、〈表1〉の数字をそのまま使い、その他の経費は〈表3〉と変わりがないが、出たその結果が〈表4〉である。

なんたることであろうか。もうからないはずのB製品だけ造った場合には、利益が大幅に増加するというのであり、しかも、今度は原価が下がっているのである。どこにも原価の下がる要素がないことは、すでに確認されているというのに、全く不思議なことである。

一同は、もう悪夢どころではなく、どの数字を信用したらいい

表 4　B製品損益計算書

製品	売価	製造原価	一般管理費・販売費	総原価	単位当り利益	生産販売数量	総利益
B	160円	139円	9.5円	148.5円	11.5円	20台	230円

1台当り製造原価内訳

製品	製造比例費	製造固定費	計
B	120円	19円	139円

のか、さっぱりわからなくなった。悪夢化して現実となり、完全な原価ノイローゼになってしまったのである。

いったい、このナゾをどう解いたらよいのだろうか。〈表2〉はあと回しにして、〈表1〉〈表3〉〈表4〉を比較してみよう〈表5〉。

どうだろうか。売価、製造比例費、製造固定費の総額、一般管理費・販売費の総額とも、三つの場合全然変わっておらず、変わっているのは、〝一台当り〟の製造固定費と、一般管理費・販売費である。この二つの費用は、経営の総額として発生するもので、〝一台当り〟いくらで発生するものではないにもかかわらず、全部原価計算では〝一台当り〟に割掛けて計算することにしているのである。この割掛け方に〝直接費の割合〟とかなんとか、もっともらしい基準が決めてある。その原則に忠実に従って計算した結果が、この例のように実際には変わらない原価を、変わったようにみせるのである。

ナゾとカラクリの正体は、〝間接費の割掛け〟という、全部原価計算の原則そのものにあるのだ。

ところで、〈表2〉はどうなのか、ということであるが、この新計画は、X月の実績の〝A製品の単位当り原価〟の部分のみを

表 5　原価比較表

項目		〈表1〉	〈表3〉	〈表4〉
A製品	売価 製造比例費	100円 70円	100円 70円	―― ――
B製品	売価 製造比例費	160円 120円	―― ――	160円 120円
製造固定費の総額		円　円 A＝14×10＝140 B＝24×10＝240 計　380円	円　円 A＝19×20＝380	円　円 B＝19×20＝380
一般管理費・販売費の総額		円　円 A＝　7×10＝　70 B＝12×10＝120 計　190円	円　円 A＝9.5×20＝190	円　円 B＝9.5×20＝190

引き出してきて、計算したのが誤りなのであって、このように単位当りの原価（全部原価のこと）という考え方で何もかも考えようとすると、とんでもないことになってしまうのである。

こう書いてくると、A製品の単位当り原価の部分のみを引き出してくる誤りがわかるのであるが、実際にはこうした誤りをおかしているのが普通である。というのは、全部原価というものが、もともと何もかも〝単位当り原価〟で考えるというのが原則だからである。

もし、この会社で、正しい原価計算を行っていたならば、A製品だけ造るよりもB製品だけ造ったほうがズット有利である、ということだけでなく、いくらの収益増加になるかも、事前にハッキリとつかむことができたのである。その詳しい解説は「2章　2・3 収益比較はどのように行うか」で述べることにする。

1・5 息子の安給料

前項の話は、製品整理の場合であったわけであるが、こんどは新しい仕事を始めるときの話である。

ある中小企業の例である。仮にS社としよう。S社は某大企業のほとんど完全な下請加工をやっていた。ところが、親会社が新工場を作り、いままでS社に外注していた製品の半分以上を内製に切り替えたため、S社ではA製品だけとなり、当然のこととして、設備人員が大幅に、余ってしまう結果となった。

そのときのS社の損益計算書は、〈表6〉に示すように赤字で、特に一般管理費・販売費の比率が大きいのが目だつ。このままでは破産である。早急に遊んでいる息子（設備、人員）を勤めに出して、家計を助けなければならない。S社では、必死になって新しい仕事を探した。八方奔走のかいがあって、新しい仕事の引き合いがあった。これを仮にB製品と呼ぶことにする。

B製品について、早速各種の検討が行われた。その結果は設備、人員は現状で十分すぎるくらいである。しかし、経理課長から提出された、損益計算書は〈表7〉のようなものであった。

会議の席上で、この報告を受けた一同は、ガッカリしてしまった。せっかく見つけた仕事も、採算ベースに乗らない、というのである。現状でさえ赤字だというのに、この上赤字を積み重ねることはできず、といって、売価を上げることはできない相談だ。涙をのんで、この仕事は断念することになった。〝息子の給料（売価）が安すぎて、割に合わないから、勤めに出せない〟というわけである。そして、S社はますます苦境に陥っていったのである。

しかし、B製品を造ることが、S社にとって本当に赤字増加だったのであろうか、もう一度よく考えてみる必要があるように思う。〈表8〉が、A・B両製品を造った場合の損益計算書を示す。このように、S社全体では、利益が一三〇円増加して黒字転換する。損するはずのB製品を造ることによって黒字とは、どこで計算が違ってきたのであろうか。

この点を考えてみることにしよう。

〈表9〉を見ていただきたい。A製品のみの場合と、A・B両製品を造った場合の、製造固定費と一般管理費・販売費すなわち固定費の割掛け表である。

A製品のみの場合と、A・B両製品を造った場合の、固定費の総額はどちらも五八〇円と全く同じで、B製品を造ろうが造るまいが、会社全体としては全く変わらない固定費を、B製品に割掛けたために、B製品自体は確かに赤字になるが、そのかわり、B製品に割掛けた分だけ、A製品の割掛けが減って、A製品は大幅な黒字となり、会社全体ではB製品の赤字を埋めて、差引き黒字となってしまったのである。

黒字転換するものを赤字増加と判断を誤った、そもそもの原因は、この例でも明らかなとおり、固定費の割掛けという、全部原価計算のカラクリにあるのだ（〈表7〉の損益計算書は、〈表8〉

表 6　S社X月損益計算書

製品	売価	製造原価	一般管理費・販売費	総原価	単位当り利益	生産販売数量	総利益
A	120円	82円	48円	130円	△10円	10台	△100円

1台当り製造原価内訳

製品	製造比例費	製造固定費	計
A	72円	10円	82円

表 7　B製品損益計算書

製品	売価	製造原価	一般管理費・販売費	総原価	単位当り利益	生産販売数量	総利益
B	45円	35円	14円	49円	△4円	10台	△40円

1台当り製造原価内訳

製品	製造比例費	製造固定費	計
B	32円	3円	35円

表 8　A・B両製品を造った場合の損益計算書

製品	売価	製造原価	一般管理費・販売費	総原価	単位当り利益	生産販売数量	総利益
A	120円	79円	34円	113円	7円	10台	70円
B	45円	35円	14円	49円	△4円	10台	△40円
計							30円

1台当り製造原価内訳

製品	製造比例費	製造固定費	計
A	72円	7円	79円
B	32円	3円	35円

表 9　S社の固定費割掛け表

区分		単位当り 製造固定費	単位当り 一般管理費・販売費	単位当り 計	生産販売数量	固定費総額
A製品のみの場合		10円	48円	58円	10台	580円
A・B両製品を造った場合	A	7	34	41	10	410
	B	3	14	17	10	170
	計	10円	48円	58円	20台	580円

のB製品の部分のみを抜き出してきたものなのである）。これこそ、経営を危うくする凶器でなくて、なんであろうか。この凶器を利器だ利器だとリキんで売り歩く商人（全部原価信者）が、あまりにも多すぎて、何も知らない客（経営者）は、宣伝につられて買い込み、ケガをしているのである。たまらないのは客だ。しかし、商人自体は利器だと思い込んでいるのだから、救われないのである。

商人達はこう言うのである。

「B製品一つだけみるから、そうなるのだ。全製品の原価計算をやってみれば、全部原価で明りょうにわかる」

と。なるほど一応はもっともな話だ。しかし、この例は説明の都合上、数字を極端に簡単にしてあるから、そういえるのであって、実際の場合には、製品の種類も多く、固定費にも増減があり、それらの経費をやっかいな手続きによって計算し、複雑怪奇な配賦基準によって割掛けを行うのであるから、全製品の計算をするとなると、たいへんな時間と労力がいる。問題の起こったときに、チョイチョイとやってのけるなどということは、とうてい不可能なのである。そこで、対象製品のみの計算をするのであるが、そのときに、固定費の割掛け計算を従来の率で行うから、この例のようにトンデモナイ結果になってしまうのである。

もし、S社が正しい原価計算法を知っていたなら、B製品を受注することによって、黒字転換をすることを事前につかむことができただろう。しかも、その計算法はきわめてやさしい。だれでも短時間でできるものなのである。その方法については、「2章　2・4 出血か否かを判定するには」で詳しく述べることにする。

1・6 他人のフンドシで相撲をとったら

「外注したほうが安い」ということを、よく耳にするが、それは本当なのであろうか。そういっている人達の言い分を聞いてみよう。大要は、

「うちの従業員の賃金ベースは、下請工場より割高である。その上、間接人員は多いし、諸経費も相当かかる。したがって、直接作業員一人当りの賃率は下請工場の二倍くらいになる。とてもそれらの工場なみの安い原価ではできない」

というような意味のことである。頭から、こういうふうに思い込んでしまっているのも、もとをただせば、全部原価の毒気にあてられているからなのだ。

外注したほうが高いか安いかは、正しい原価計算をした上でなければ、わからないのである。

例を引いて説明してみよう。

ある量産工場のことだ。最近生産量が増加してきたので、ある外注部品が不足するキザシが見えてきた。これは重要部品なので、できれば設備人員を増加しても、内製に切り替えたいのであるが、内製にするとコストが高くなってしまうので、「やはり、外注先を強化することにしよう……」ということになったのであった。そのときの、原価計算の内容をのぞいてみよう。

○内製の場合の単位当り原価

材料費	50円
製造固定費	8円
一般管理・販売費	18円
計	76円

［注］1. 月産数量10,000個。
2. 製造固定費のうち5円は、新規採用者の人件費などの新規費用。
3. 一般管理・販売費の中には、この仕事のための増設設備にかかる、固有固定費1カ月40,000円が含まれている。

○下請け工場の見積り

材料費	51円
製造固定費	5円
一般管理・販売費	9円
利益	4円
	69円

材料費は、内製のほうが安いが、それ以外の費用は、すべて下請工場のほうが安く、とてもケンカにならない。もし、この原価計算が正しければの話であるが。

ところが、本当は内製のほうが1カ月一〇万円安あがりなのである。またしても、どこかで間違ってしまったようだが、どこで間違ったのだろうか。この解答は「2章　2・5 外注は高くつくのか、安くなるのか」で述べることにする。

表 10　A・B両製品原価計算書

製品	売価	比例費		固定費	原価計	利益
		材料費	加工比例費			
A	200円	100円	20円	40円	160円	40円
B	300	160	60	50	270	30円

1・7　ほねおり損のくたびれもうけか

中間製品をそのまま売るという場合と、その中間製品をさらに加工して売る、という場合がある。たとえば、紡糸業者が織物にまで加工する、原油を逐次高度加工する、鋳物や鍛造品を機械加工して売る、プレス屋さんがメッキや塗装までやる、というような場合である。このようなときに、高次加工をしたほうが、利益が大きくなるのか、どうかということは、経営者の知りたいところである。〝ほねおり損のくたびれもうけ〟なら、やらないほうがいいからだ。

そこで、原価計算をやってみるというわけであるが、これも全部原価でやると、とんでもないことになるおそれが生じてくる。

たとえば、いま、Aという中間製品を造っている会社で、さらに、Aを原料としてBという製品を造る場合の原価計算書が、〈表10〉のような形で報告された。これをみた経営者は、A製品のままで売れば四〇円の利益、B製品まで加工したら三〇円の利益では、〝ほねおり損のくたびれもうけ〟だと思って、この加工を断念するであろう。

しかし、事実はさにあらず、B製品を造ったほうが有利なのであって、またまたどこかで計算が間違ってしまったのである。どこで間違ったか、読者には、もう見当がついたことと思う。固定費の割掛けのイタズラなのである。では真実の姿は、どのようなものだろうか。それは、「2章　2・6 製品の加工度を高めたらどうなるか」で詳しく述べることにする。

1・8　とらぬタヌキの皮算用

「MAPI方式」(＊2)というのがある。「設備更新制度」といわれているものだ。テンポの早くなった技術革新、激化する生存競争によって、経営はますますむずかしくなっていく。これらの荒波を乗り切るために、設備の新設、増設、更新というのは、有力な手段の一つと考えられる。そのためには、多額の投資が必要であり、この投資が引き合うものか、どうかということは、経営にとっては大問題となってくる。

この問題を検討する手段の一つとして、MAPI方式が使われるのであるが、使い方を誤ると、とんでもないことになりかねない。生兵法《なまびょうほう》は大ケガのもとである。

この方式は、設備に投下された資金と、この固定資産を維持するために必要な修理・保全費や減価償却費、金利、さらに劣化、陳腐化などを考えたすべての費用を、新設備から上がる増加利益によって、回収するのに、どれくらいの期間を要するかを計算して、その投資が、引き

合うものか、どうかを判定しようというものである。式にしてみると、

$$\text{回収年（月）} = \frac{\text{投下資本}}{\text{年間（月間）増加利益} - \text{設備維持のためのいっさいの費用}}$$

となるのである。ところが、この年間（月間）増加利益というのが、クセ者なのだ。

次に述べるのも、ある会社の実例である。

この会社でも、ごたぶんにもれず、コスト引き下げに必死の努力をしていた。そのために、ある新鋭機械を購入する案が出たのであるが、たまたま、そのときに、生産技術課にＭＡＰＩ方式の講習を受けてきたばかりの係員がいたので、早速その係員に、経済性の検討が任された。その係員は、講習会で習ったことが、こんなにも早く役だつとは思わなかった、と張り切って調査に取りかかり、まもなく、その報告書が提出されたのである。それは、〈表11〉のようなものだった（説明の都合上、項目や数字は極端に簡単にしてある。なお、これ以外にも種々のファクター、特に金利の問題もあるが、複雑になるので、その点は専門書に譲るとして、ここでは省略しておいた）。

たった一四カ月で投下資本を回収し、それ以後は、毎月八〇、〇〇〇円ずつ増加利益が出る、という耳よりの話なのであるが、果してそんなうまいぐあいにいくものだろうか。実際には、こんなにうまいぐあいにはいかず、本当のところは、この数倍の期間がかかるのである。

表 11　MAPI計算書（月単位）

① 投下資本	
機械購入代金	100万円
〃 すえつけ費用	10
	110万円
② 増加利益	
1個当り加工時間節約　8分	
〃 節約工賃	
6円（賃率）× 8分 = 48円	
1カ月当り節約工賃	
（月産2,000台として）	
48円 × 2,000 = 96,000円	
③ 1カ月の設備維持費のいっさい	
	16,000円
④ 投下資本回収（月）	

$$④ = \frac{①}{② - ③} = \frac{110万円}{9.6 - 1.6} = 13.75$$

その間違いは、賃率から増加利益を出したところにあるのであって、賃率というのは、いっさいの固定費を、直接作業人員の、稼動に対する単位時間当りに負担させたものである。

詳しくは、「2章　2・7 設備新設の経済性はどうか」で述べることにするが、チョッピリ種明かしをするとしよう。

固定費のうちの、家賃でも、運転手の給料でもかまわないが、こうしたものの費用は、賃率の計算に含まれてはいるのであるが、加工時間を短縮したところで、これらの費用は減るものではない。であるから、加工時間を節約したからといって、その時間に賃率そのままを掛けて、〝これが節約金額だ〟と思い込むところに間違いがあるのだ。

加工時間を短縮することによって、〝現実に減る費用〟だけが、節約金額なのである。

またしても、間違いのもとは、固定費の、加工時間への割掛けにあったのである。

1・9 火の車の黒字決算

〈表12〉はある会社のX月とY月の損益計算書で、この会社の製品の売価は、一台二五、〇〇〇円であり、比例費は一台当り一〇、〇〇〇円、固定費は一カ月一二〇万円である。

X月は一〇〇台造って四〇台売り、Y月は八〇台造って、前月からの繰越六〇台と合わせて一四〇台売った。この計算は、忠実に〝会計の原則〟に従って行われたものであるが、なんと不思議な計算書ではないだろうか。

固定費が一カ月一二〇万円かかった、ということは、現実にこれだけの金が消費されてしまっている、ということなのである。ところが、X月は売上が一〇〇万円しかないのであるから、この差引計算だけでも、二〇万円の赤字であるのに、一二万円の黒字だというのである。専門家のやることは、どうもわれわれ素人には理解できない。

四月末のサイフの中は、実際には、火の車であることには間違いないのに、黒字だというのである。

さらにY月を見よう。X月の三倍半も売上があり、実際には、相当サイフがふくらんでいるはずなのに、たった一八万円の利益しかないというのだ。まったく不思議な計算である。

実際に月次決算書を見て、これと同じような印象を受けた経験をもった読者もおられると思

表 12　月次損益計算書

製品の売価(1台)　2.5万円
比例費(1台)　1.0 〃
固定費(1カ月)　120 〃

	X月			Y月		
売上	(40台)		100万円	(140台)		350万円
売上原価						
繰越在庫	(0台)	0万円		(60台)	132万円	
製造総原価	(100台)	220 〃		(80台)	200 〃	
計		220万円			332万円	
月末在庫	(60台)	132 〃	88 〃	(0台)	0	
売上利益			12万円			18万円
単位当り原価	比例費　固定費	$1万円 + \frac{120万円}{100(台)}$	= 2.2万円	比例費　固定費	$1万円 + \frac{120万円}{80}$	= 2.5万円

〔注〕1. 売上－売上原価＝売上利益
2. 売上原価＝ 繰越在庫金額＋製造総原価－月末在庫金額
3. 製造総原価＝単位当り原価×生産高
4. 単位当り原価＝単位当り比例費＋$\frac{固定費}{製作台数}$

うが、この疑問を経理マンに質問すると、経理マンは、これで絶対間違いないと主張するのである。確かに、計算そのものは、会計の原則に従っているのだから、だれがやってもこのとおりになる。とすると、会計の原則そのものがおかしいのじゃないかと疑いたくなってくる。そのとおり、原則そのものが間違っているのである。

　真相をチョッピリ述べると、二カ月間の利益の合計三〇万円には違いないのであるが、月別の損益はX月が六〇万円の赤字、Y月が九〇万円の黒字なのである。詳しい種明かしは、「2章 2・10 期間損益の把握をど

表 13　X・Y月、月次損益計算書

	X月			Y月		
売上	(50台)		125万円	(110台)		275万円
売上原価						
繰越在庫	(0台)	0万円		(50台)	110万円	
製造総原価	(100台)	220 〃		(60台)	180 〃	
計		220万円			290万円	
月末在庫	(50台)	110 〃	110 〃	(0台)	0	290 〃
売上利益			15万円			△15万円
単位当り原価	比例費　固定費 1万円 + $\frac{120万円}{100}$ = 2.2万円			比例費　固定費 1万円 + $\frac{120万円}{60}$ = 3.0万円		

うして行うか」で述べることにするが、事のついでに、上記の会社の条件で、次のような計算をお目にかけよう。むろん作り物であるが、作り物でおかしいのは、本当の場合もおかしいということである。原則が同じなのだから。

X月は一〇〇台造って五〇台売り、Y月は六〇台を造り、X月の繰越五〇台と合わせて一一〇台を売った。この場合の、月次損益計算書は〈表13〉のとおりとなる。

X月が一五万円の黒、Y月が一五万円の赤、だというのだが、本当はX月が四五万円の赤、Y月が四五万円の黒なのである。損益の合計はどちらもゼロだが、損益が完全に実際と計算で逆になっている。赤字の月が黒字と出、黒字の月が赤字と出るとは、まったく恐ろしい損益計算書ではないか。この恐ろしい損益計算が、実際に、多くの会社で使われているのであって、われわれの特に注意せねばならない問題である。

表 14　X・Y・Z月、月次損益計算書

	X月			Y月		
売上	（　0台）		0円	（　0台）		0円
売上原価						
繰越在庫	（　0台）	0万円		（100台）	220万円	
製造総原価	（100台）	220　〃		（100台）	220　〃	
計		220万円			440万円	
月末在庫	（100台）	220　〃	0	（200台）	440　〃	0
売上利益			0			0
単位当り原価	比例費 固定費 1万円 ＋ $\frac{120万円}{100}$ ＝ 2.2万円			X月に同じ		

	Z月		
売上	（　1台）		2.5万円
売上原価			
繰越在庫	（200台）	440万円	
製造総原価	（100台）	220　〃	
計		660万円	
月末在庫	（299台）	657.8 〃	2.2　〃
売上利益			0.3万円
単位当り原価	X月に同じ		

もう一つおまけに、思い切って極端な場合を考えてみよう。やはり前記の会社と仮定しておく。X月には一〇〇台造って売上はゼロ、Y月も一〇〇台造って売上はゼロ、Z月は一〇〇台造って一台売れた。さあ、損益計算はどうなるだろう。それが〈表14〉で、もちろん、忠実に会計の原則に従って計算したものである。

読者は、これをご覧になって、どのような感想をもたれるだろう。X月とY月のように、造っただけで一台も売らなくとも、損益はゼロである。これは何カ月続こうと、何年続こうと、損益計算の上では、損益はあくまでもゼロである。

さらに、Z月をみると、たった一台売ったただけで、その月は黒字だというのだ。三カ月間の合計は、利益〇・三万円だというのである。〝火の車の黒字決算〟であることは、くどくど説明の要はないと思う。このカラクリは、いわずと知れた、固定費の割掛けである。

このように、全部原価による損益計算書は、実際とはまったく別の姿をとってしまうのであり、これで経営の役にたったら、太陽が西から出てくるに違いない。

1・10 ひとつとやっつとっきっき

――落語〝平林〟より――

『あまり読み書きができない男が、主人から〝平林〟という人に手紙を届けるように言いつけられて、使いに出たのですが、途中で〝ひらばやし〟という読みを忘れてしまいました。通りかかった人に、手紙のあて名を見せて聞いたところ、〝たいらばやし〟だと教えてくれました。しかし、主人から言われたのと違うような気がするので、次の人に聞いたところ〝ひらりん〟だというのです。それでもおかしいような気がするので、また次の人に聞いたところ、〝いちはちじゅうのもくもく〟だと教えられました。ますますわかりません。最後に聞いた人は、〝ひとつとやっつととっきっき〟だというのです。

男は、どれが本当だかさっぱりわからなくなり、〝たいらばやしか、ひらりんか、いちはちじゅうのもくもくか、ひとつとやっつとこっきっき〟と、くり返しながら行きました』

お笑いの一節で、ご存知の読者も多いかと思うが、このお笑いが、実は全部原価計算の矛盾をズバリとついているのである。平林（ひらばやし）と、そのまま素直に読めばいいものを、やたらにひねくったり、分解してしまうから、わからなくなるのと同じように、固定費をそのまま素直に受け取ればいいものを、深遠（?）な理論に基づいて、いろいろとひねくり回し、分割し、あちらに割掛け、こちらに配賦するから、おかしくなってしまうのである。

落語ならば、笑っても済まされようが、経営にとっては、笑いごとどころではない。実態を知らせてくれない原価計算は経営を誤らせる結果となる。全部原価計算こそ、経営にとっては「百害あって一利なし」といえよう。

専門家も、全部原価の矛盾に、ウスウス、あるいは大いに気がついているのであるが、悲しいことには、固定費の割掛け自体が間違っていることに気がつかずに、割掛け方法がマズイのだと思い込んで、ますます〝ひとつとやっつとっきっき〟である。

いくらやっても、少しも問題が解決しないものだから、嘆息していわく、「原価計算ほどむずかしいものはない」、「原価計算ほど奥の深い研究はない」と。何が奥深いのか知らないが、全然見当違いのところを掘り返して、ますます、ややっこしくしているのである。

だいたいにおいて彼らのやっていることは、現実ばなれの空論をもとにした、加減乗除という小学生の算数程度のものである。試みに彼らに、ローマ字を三つ四つ使った方程式を見せてごらんなさい。尻に帆かけて逃げ出しますから。しょせん彼らは、経営には役にたたない会計学の専門家ではあっても、経営についてはズブの素人なのである。

筆者の知人に、非常な努力家がいる。「若いときに、戦争で勉強が少しもできなかった」といって、薄くなりかけた頭をものともせずにニキビ族に混じって、夜学で勉強しているが、その人いわく、

「会計経理の講義には、こういう説がある、ああいう説がある、というようなことばかり聞かされる。どうも定説がないらしい。同じ数字を扱う学問であっても数学は、いく通りものやり方がありながら、答は必ず一致するが、こと原価計算になると、やり方によって、みな答が違ってくる。どれが正しいのか、素人にはさっぱりわからない」

素人のこの素朴な疑問の中に、会計学者のムダな、しかし、涙ぐましい努力の一端がうかがえる。彼らが、どのように数字をひねくり回しても、割掛けの観念が抜けないうちは、正しい答は永久に得られないのである。

1・11　会計概念の改革を

これまで、いろいろと述べてきたが、このへんで、有名なピーター・F・ドラッカー氏の言を引用して、この問題の結論としたい。ちょっと堅苦しいとは思うが、非常に重要な意味があり、かつ、この本のこれからの方向と密接な関係があるので、あえて引用することにしたのである。

――『現代の経営』(邦訳、自由国民社)より――　〔注〕文中の、の個所は筆者が付したもの。

『生産性の向上を第一の任務としている経営者達は、ウォール街の証券ブローカー以上に生産性測定の尺度を必要としている。しかし一口に生産性の向上といっても、これは経営者の仕事の中でも最も困難なものである。というのは、生産性はさまざまな要素のバランスの上に立っており、しかもその中で、簡単に定義し、正確に測定しうるような要素は、ほとんどないからである。われわれはいまだに、生産性の測定に必要な尺度をもつに至っていない。生産性の定義に必要な基礎概念――経済学者はこれを〈寄与価値〉と呼んでいる――が得られるようになったのも、ここ三年前のことである。

寄与価値とは、企業が製品またはサービスを売って得た総売上額と、外部からの原材料またはサービスの総買入額との差額である。いいかえれば、寄与価値とは、企業の払ったあらゆる努力の原価とその報酬とをあわせ含んだものである。寄与価値は、一方では、企業によってどれほどの資源が最終製品の中に織り込まれたかを明らかにし、他方では、市場が企業の努力をいかほどに評価しているか示すものである。寄与価値は何もかも解決しうるといった力をもっているものではない。経費の配分法が合理的に行われている場合にのみ、寄与価値は生産性の分析に役立ちうる。このことは、会計士が伝統的に用いて来た概念や数式や方式を思いきって改革しなければならないことを意味している。直接費の割合によって間接費を配分する昔ながらの方式は、全くすてられなければならない。というのは、この方式は真実の原価分析を全く不可能にするからである。』

どうであろうか。筆者のいままでの駄弁は、実はドラッカー氏のこの言の解説なのである。幸いなことに、最近は全部原価のこの矛盾に気がついて、これを捨て去る企業が急速に多くなってきたのは、喜ばしいことである（ただし、外部報告は別）。

遠からず、伝統的な会計方式は、膨大な研究論文や学者の心血を注いだ著書などとともに、〝無用の長物〟化し、経営考古学の分野に移されるであろう。

1・12 企業の任務は生産性の向上にある

ところで、伝統的な会計方式に代わる新しい考え方は何かというと、それがドラッカー氏のいう、生産性の基礎概念としての『寄与価値』なのであり、実はこの『寄与価値』の考え方が、この本のバックボーンなのである。

引用文の寄与価値のところにある定義を、もう一度見直して式にしてみると、

総売上額《アウトプット》 − 総買入額《インプット》 ＝ 寄与価値

となる。であるから、寄与価値とは生産高のことであり、これから、

総売上高《アウトプット》／総買入高《インプット》 ＝ 生産性（指数）

という概念が得られ、このことを、ドラッカーは、生産性の定義に必要な基礎概念といっているのである。だから、労働生産性といえば、

生産高《アウトプット》 − 労働投入高《インプット》 ＝ 労働生産高

生産高《アウトプット》（寄与価値）／労働量《インプット》 ＝ 労働生産性（指数）

ということになる。

この寄与価値という概念において、アウトプットとインプットの関係を把握し、生産性の向上、すなわちアウトプットとインプットの差を大きくすることこそ、企業の第一の任務なのであって、利益をあげることではないのである。これに比較して、伝統的な会計方式は、すべて、インプットのみの計算に憂き身をやつし、アウトプットとの関係は全然考えていないのだ。だから、「伝統的会計方式は、本質的には単式簿記である」というようにもいわれているのである。

寄与価値という尺度を使って、われわれは何ができ、また、何をすべきだろうか。再びドラッカー氏に登場願って、前掲の引用文の続きに目をとめることにしよう。

『われわれはまた、減価償却がもつ意味——すなわち、資本の使用料を課し、設備の価値の減少を測

り、やがて必要になる更新費に備える等のこと——を深く考えなければならない。われわれは経験から割り出された比例減価償却法にも納得できない。一言にしていえば、われわれは税務署や銀行家や投資家のためよりはむしろ、まず第一に、事業経営の必要に重点を置いて会計的なデータを作成しなければならない。事業の種々の機能のバランスまたは事業の組織構造から生ずる生産性は、寄与価値をもって測定することはできない。寄与価値は全く量的な尺度であるから、機能のバランスや組織構造といった質的な要素に当てはめることは不可能である。しかもこうした質的な要素は生産性の最も重要な要素となっているのである。

　寄与価値は右のような限界を持ってはいるが、それによってはじめて、合理的な生産性分析と、生産性目標の設定が可能になる。とくに、寄与価値によって、〈オペレーション・リサーチ〉や〈インフォーメーション・セオリー〉のごとき新しい数学的な方法を、生産性の組織的な研究に応用する道が開かれる。というのは、これらの新しい方法はいずれも、可能な措置がいく通りあるのか、そのそれぞれについていかなる結果が予測されるのかを明らかにするものであるからである。生産性の問題は、常にさまざまな資源の、さまざまな組合せ方を検討し、そのなかで、最少の費用と、最少の努力で最大の成果を生む組合せを発見することである。こうしてはじめて、われわれは次のような生産性に関する基礎的な諸問題と取組むことができよう。

　労働を、いつ、またいかなる処において機械設備で置き代えたなら、生産性を向上させることができるか？　その場合の限度と条件は？　全体の労力を軽減する間接費とただ費用を追加するだけの間接費とをいかにして区別するか？　いかにすれば時間を最も有効に使うことができるか？　いかなる場合に製品混成《プロダクト・ミックス》が得られるか？　またいかにすれば最上の工程混成《プロセス・ミックス》が得られるか？　これらのいずれの問題においてもわれわれは、科学的な方法によって正しい答を得ることができる。これらに関する限り、もはやいろいろと憶測する必要がなくなったといってよい。

寄与価値の概念が明らかに指し示すところに従って、われわれは、生産性に関し次のような目標を設定する必要がある。

（1）現在の工程の下で、総収入に対する寄与価値の比率を大きくすること。これは、すでに購入した原材料またはサービスを最大限に活用する道を、まず第一に発見せねばならないことを意味する。

（2）利益として保留される寄与価値の割合を大きくすること。利益として保留される寄与価値の割合が大きくなるということは、事業自身がもっている資源の生産性の向上を意味する。』

このように、従来の伝統的な会計概念では思いもおよばない、かずかずの効用をもっているのであり、《2章》以下においてこれらの具体的な解説を述べることにする。

1・13　原価計算の目的は何か

何事を行うにも〝何のために〟ということを忘れると、とんでもない方向にそれるおそれがある。そこでまず、〝原価計算の目的は何か〟ということをはっきりさせておきたいと思う。

筆者は、仕事の性質上いやでも原価計算と取り組まざるを得なかったのであるが、いつも専門の経理屋さんといい合いになり、その都度いい負かされて割り切れぬものを感じていたのである。

そこで、一通りのことは知っておく必要があることを痛感して、原価計算の勉強を始めたのだが、手当り次第にあさった書物の中には、原価計算の目的を書いてないものがいくつかあった。恐るべき権威者の脳ミソで、こういう連中がおかしなことをいうから間違いが起こるのである。

ところで、原価計算の文献の中にうたってある、目的なるものの要旨をまとめてみると、だいたい次のようになるだろう。

1. 価格の決定、または計算に必要な資料を得るため
2. 経営能率増進の資料を得るため
3. 原価管理に必要な資料を得るため
4. 利益計画の樹立に必要な資料を得るため
5. 予算の編成や統制に必要な資料を得るため
6. 経営比較に必要な資料を得るため
7. 財務諸表を製作するに必要な資料を得るため

ざっと以上のようなものであって、なんと技術的ではないか。しかも、おそろしく欲張って

いて、どの書物にも、このうちの四つや五つは書かれている。欲張り婆さんの背負ったツヅラの中から出たものは、何でしたっけ。これらの本の中からも、出るわ出るわ、三つ目小僧やカサのお化けが……。むろん固定費の割掛けである。

しかし、それらのうたい文句にもかかわらず、内容は計算法と記帳法くらいのもので、本質的には事務処理の手引書にしかすぎないのである。

原価はどのように管理するのか、利益計画をどのようにたてるのか、どのようにして能率を増進するのか、というような点はいっさいほおかぶりである。本当のところは、ほおかぶりしているわけではなく、全部原価ではできない相談なので、書き得ないのであって、まさに羊頭《ようとう》狗肉《くにく》（羊の頭を店頭にかかげて、犬の肉を売る……看板に偽りあり、という中国のコトワザ）の現代版といえよう。

――ある原価計算の書物より――

『カンによる腰だめ経営は、もはや時代が許さない。そのような、ズサンな前近代的なやり方では、経営に当る資格がない。すべての経営者は、すぐれた経理手法を経営の発展と近代化に活用しなければならない……』

とかなんとかおっしゃっても、全部原価で何をやれというのだろうか。このようなモンクは、血の出るような経営の苦心も、骨身を削る実務の苦労も知らない観念論者の寝言にしかすぎないのである。

余談はさておいて、本題にもどろう。

原価計算の本当の目的は〝**経営政策決定のため**〟なのである。真髄をいい得て妙である。売価の決定も、生産の可否も、増産も減産も、製品混成や工程混成も、せんじつめれば、みな経営政策なのである。原価計算の目的は、前述のような技術的、皮相的なものではなく、こうした経営的なものなのであって、原価管理や利益計画や、予算統制というものは経営政策実現のための手段であって、経営政策ではない。原価管理をする、利益計画をたてる、という経営政策はないのである。

手段も目的も、オジヤのようにいっしょにして考えても、いい知恵は決して浮かばないだろう。

1・14 晴れ着とふだん着

私達は、原価計算の目的をはっきりとつかんだ上で、ドラッカー氏の忠告に従って、全部原価を捨てて正しい原価計算を行わなければならないと思う。

前掲のドラッカー氏の言にあるとおり、

『われわれは税務署や銀行家や投資家のためよりはむしろ、まず第一に、事業経営の必要に重点を置

いて会計的なデータを作成しなければならない』

のである。ドラッカー氏ともあろう人が、こんなわかりきったことを、わざわざいわなければならないほど全部原価に対する迷信が深いのだともいえよう。同氏のいうように、全部原価というのはよそ行きの晴れ着なのであって、年に一回か二回の必要（決算報告）のために用意された晴れ着（全部原価）を着て、日常の仕事（事業の経営）をしようとするところに、始めからムリがあるのだ。

日常の仕事には、ふだん着として、それぞれの仕事に合うような背広服とか作業衣とかウワッパリでなければならないのである。

そのふだん着の名前を、直接原価計算（ダイレクト・コスティング—Direct Costing）という。最近は、このふだん着も、それぞれの仕事に合うように、多くのニュー・フェイスが出てきた。たとえばＯＲ（オペレーションズ・リサーチ）、ＥＥ（エンジニアリング・エコノミー）などは、最も有力なものである。この晴れ着のことを「財務会計」といい、ふだん着を「管理会計」とよぶのは、このためである。

では、〝事業経営の必要に重点を置いた〟原価計算、すなわち〝寄与価値〟による原価計算について、次章に述べることとしよう。

（＊1）計理士は、かつて日本に存在した会計専門者の国家資格。1948年、公認会計士制度の発足により計理士法は廃止され、新たな登録者はなくなった。

（＊2）マピー方式と読む。アメリカ機械工業協会（Machinery and Allied Product Institute）の頭文字を取ったもの。

2章

経営の水先案内

――直接原価計算（ダイレクト・コスティング）の話――

2・1 水と油

前章で、私達は全部原価計算にたよっていたら、どんなひどいめにあうかということを、いやというほど見せつけられた。そして、その原因は常に固定費の割掛けにあったのだ。原因がわかれば事は簡単で、その原因を取り除けばいいのである。だから、固定費を割掛けないで、別に計算すればいいのである。ただそれだけの話だ。しかし、「それはおかしい。固定費といえども経営に必要な費用であるからには、これを製品に割掛けて補償させなければ、経営は成り立たないじゃないか。割掛けるのがぐあい悪いといって割掛けなければ、いったいその固定費はどうするのだ」という疑問が起こるかも知れない。もっともな疑問である。

しかし、よく考えてみると、要は〝費用を補償する〟ということであって、製品に割掛けることではないのだ。もともと、固定費というものは、生産や販売の数量には無関係に発生する費用であって、経営の総額として、期間に比例して発生する費用なのである。……家賃を考えてみてもらえば、よくわかるものと思う。

これに対して、比例費(原語では変動費—Variable Cost—というが、比例費と一般に呼ばれている場合が多いので、本書ではこのように呼ぶことにする)は生産販売の増減に比例して発生する費用で、具体的にいうと、直接材料費、外注費、副資材費、工具費、消耗費、電力費、

燃料費、荷造費、運賃、販売手数料、手形割引料などの全部または一部である。（＊1）

同じ原価であっても、かたや数量に関係なく期間に比例して発生する費用であり、こなた期間に関係なく数量に比例して発生する費用だから、性質が全然別なものなのだ。性質の全然違うものを、割掛けというカラクリで、いっしょにするところに間違いの根本原因があるのだ。

導体と不導体は、電気的性質が全然違う。その性質の違いを考えないで、やたらに組み合わせたら、電気は流したいところへ流れず、流したくないところへ流れる結果になろう。これではラジオもテレビもできようはずがない。同じく、薬ではあっても、目薬と腹薬とを同じに考えて、これらを混ぜて飲んだら、どんなことになるのか、わかったものではない。また、同じ液体（原価）であっても、水と油（比例費と固定費）は性質が全然違うのである。

水の中に油をぶち込んでしまう（比例費に固定費を割掛ける）から、混ざらなくとも一つの容器にはいっているために、天ぷらを揚げることもできず、洗たくにも使えないのである。ただ、わかることは、水と油の合計でこれだけある、ということだけだ。使わずに人に見せる（財務報告）ためだけならば、これでも差支えないだろう。

しかし、私達は水も油も使いたいわけで、そのためにはいっしょにしてはダメなのである。

先日偶然にも、二〇年前の工業学校の会計学の教科書を見つけたのだが、内容を見ると、最近発行された権威（?）ある文献と、ほとんど同じなのである。これをドラッカー式論法でいえば、

――『現代の経営』続編より――

『最初の土台の上には、ほとんど何の上部建築もなされていない。このような点からみると、われわれが土台そのものに疑惑の目を向けても、それは決して不当ではないのではなかろうか』

ということになる。これは人間関係論に対する批判だが、全部原価にもってきても、ぴったりである。

二〇年間もなんの積みあげもないのでは、どう考えても、死んでいると判断するよりほかはない。生きている経営に、死んでいる原価計算を使うわけにはいかない。

われわれは、水と油の性質の違いをわきまえて使い分けてゆくという、生きた原価計算をしなければならないのである。その生きた原価計算、すなわち直接原価計算（ダイレクト・コスティング）とはどのようなものなのであろうか。

2・2 ダイレクト・コスティングとは

きわめて素朴（実は進歩した）な考え方に立脚している。その方式とは、原価の性質の違いに従って、原価を比例費と固定費の二つに分けて、比例費を製品原価とし、固定費を期間原価として、損益をつかんでゆく原価計算のやり方なのである。

このように原価を分離して、製品原価と期間原価に分ける、というところが〝ミソ〟なので、このミソがすばらしく美味なのである。どのように美味なのかは、おいおい説明するとして、もう少しダイレクト・コスティングの基本的な考え方を述べてみよう。

全部原価とダイレクト・コスティングの損益計算のやり方を、式に書いてみると、

全部原価……売上高 − 売上原価（比例費に固定費を割掛けたもの）＝ 利益

ダイレクト・コスティング……売上高 − 売上原価（比例費） − 固定費 ＝ 利益

となる。

ダイレクト・コスティングでは、売上高から比例費を引いたものを限界利益と呼ぶが、この〝限界利益〟から固定費を引いたものが純利益になるのである。

式にしてみると、

	売上高
−）	売上原価（比例費）
	限界利益……第一次の利益
−）	固定費
	純利益……第二次の利益

上記のようになり、したがって、

限界利益＝売上高−比例費＝固定費＋純利益

ということになる。すなわち、限界利益は固定費と利益の合計であるから、もしも固定費のほうが限界利益より大きい場合は、マイナスの利益（赤字）となるわけである。

読者は、加工高とか、付加価値（税法上の用語）、生産価値（ラッカー・プラン）（＊2）などというコトバを耳にしたことがあると思うが、これらは限界利益と本質的に同じものであって、ドラッカー氏の寄与価値というのも、限界利益のことなのである。

本書では、限界利益というコトバをおもに使うことにする。これは〝Marginal Income〟の直訳で義理にも名訳とはいえないが、ほかにうまい訳もないのでがまんして使っているのであるが、実用上不便な場合もあり、これにがまんのならない反逆精神の盛んなサムライがいて、〝値差〟というコトバを使い出した。

値差というのは、単位当り限界利益のことで、八〇円で仕入れたシャツを一〇〇円で売った場合に、〝単位当り限界利益二〇円〟では、いかにも長ったらしいので、簡潔に〝値差二〇円〟というのである。

ではこのへんで、簡単な例題によって、ダイレクト・コスティングによる損益計算の練習をしてみよう。

「ある生菓子屋さんである。店舗を一カ月二〇、〇〇〇円で借りており、いろいろな経費が一カ月一〇、〇〇〇円かかる。菓子の仕入価格一個七円、売価を一〇円で、ある月に三〇、〇〇〇個を売ったとしたら、損益計算はどうなるだろうか。便宜上、ロスやオマケや売れ残りはないも

損益計算書

	売上高	@10円	30,000個	300,000円
−)	売上原価	@ 7〃	30,000〃	210,000〃
	限界利益			90,000円
−)	固定費			30,000〃
	純利益			60,000円

のとする」

比例費は仕入代金で、固定費は家賃と経費の合計であるから、これを前にあげた式にあてはめると、上式となる。なんの変てつもない、きわめてやさしい計算で、割掛けなどというカラクリがないので大助かりである。

一般には、一個のもうけは三円で、三〇、〇〇〇個売ったから九〇、〇〇〇円のもうけ、経費が三〇、〇〇〇円かかったから、差引の利益は六〇、〇〇〇円だといっているのだが、その考え方はダイレクト・コスティングそのものであるわけである。

専門家は、このようなだれにでもわかる簡単なものはお気に召さないらしく、権威にかけても、もっとむずかしくて素人にはわからないものでないと、ダメだというのである。だから、「最近ダイレクト・コスティングという方式が流行してきた」なんて涼しい顔をしている人がいるのだ。こうしたやさしいものは、ミーハー族のやるもので、正統派の関知しないところだ、というのであろう。

また、「部品費は管理目的のために、これを固定費と比例費に分解する必要がある」なんて軽くかたづけている本も見受けられるが、どのように固定費と比例費を管理目的に使用するかは、いっさいノーコメントで、実はこの点こそ重要であるのに、無責任もはなはだしいものである。

「原価計算の必要上、経費を固定費と比例費に分けることがある」なんてノンビリしている人もいる。ノンキな父さんの親類かも知れないが、読むほうにはなんのことやら、さっぱりわからない。中には、「間接費の重要性を認識できなかったために、間接費を原価に加えなかった、原価計算初期の段階への逆もどりである」などという硬派もいる。ダイレクト・コスティングは、程度の低い原始的なやり方で、全部原価こそ最も進歩した方式だというのであろう。これはちょうど、かつての和算学者が、西洋数学の方程式や簡潔な図表をみて、自分達の複雑なやり方と比較し、「われわれのほうがはるかに進んでいる、テンデ問題にならない」と思い込んだのとよく似ているといえよう。

見かけばかり複雑で、進歩しているようにみえるけれども、内容のなかった和算のたどった運命が、そのまま全部原価計算の運命となることを、ご存知ないのである。

間接費の重要性を理解しないのは、ほかならぬ全部原価氏自身なのである。おなじみになったドラッカー氏にご登場願って説明していただこう。

『生産性に関連のある事業用語――とくに会計用語――の多くは、もはや使用に耐えぬほど古くなってしまっている。会計士が〈生産的労働〉と呼んでいるところの〈機械の番人〉たちの労働は、実のところ、最も非生産的な労働である。一方、いわゆる〈非生産的労働〉は、機械から離れて働いてい

――『現代の経営』より――

る人々をまるで〈寄せ鍋〉のように、一緒くたにしてしまっている。その中には、生産性の低い〈前産業的〉な肉体労働者がいるかと思うと、機械設定工（現場の機械器具の組立、調整、修繕等に従事する熟練労働者）のごとき生産性の高い、伝統的技能労働者も含まれている。またその中には、近代産業が生んだ電気保全工のような技能労働者もいるし、また、職長や、技術者や品質管理者のごとく、高度の知識と技能とを具えた人達も含まれている。

さらに、会計士が〈間接費〉――この言葉は多分に非難の意味を帯びている――という言葉を用いて十把ひとからげにしているものの中には、最も生産的な資源――経営担当者、計画立案者、設計者、革新技術者等――が含まれている一方、全く寄生的な要素――組織の不良、士気の頽廃、目標の混乱といった誤った経営によって生み出される無用な高級職員――も含まれている。後者の一例は〈調整役〉である。調整役を設けなければならない企業は、組織のどこかに欠陥をもっているといってよい。間接費には二つの種類がある。一つは〈生産的間接費〉、他は〈寄生的間接費〉または〈摩擦的間接費〉と呼ばれている。前者は経営担当者や、技術者や、専門家に対する支出であり、労働（生産的並びに非生産的労働）あるいは資本費用に対する支出を減らすものでなければならない。後者は生産性に何ら寄与しない支出、あるいは生産性をかえって低下させるような支出を指していうものであり、いずれにせよ、企業内部の不和軋轢の産物であると同時に、新たな不和軋轢を生み出す原因でもある。

以上述べたようなことからして、生産性について定義を下す場合、われわれは次のような事柄に充分留意しなければならない。

1. 労働を唯一の生産的な活動と考えないこと。

2. 生産物の中に含まれてゆくあらゆる活動を考慮に入れること。
3. あらゆる活動とその結果との関連を明らかにすること。

ここでとくに注意を促したいことは、活動の中には、目に見え、そして直接測定することのできる費用の形で表わされる努力と、そうでない努力とがあるということである。会計学でいうところの〈努力〉とは、もっぱら前者から成っており、もしわれわれがそうした努力のみを考慮に入れるとすれば、われわれの生産性概念は、きわめて不適当なものにならざるをえない。決定的な影響とまではゆかなくても、生産性に重大な影響を及ぼす要因の中には、会計学的な数字では絶対表わすことができないようなものもいくつかある』

このように、単なる間接費という考え方がいかに間違ったものであり、有害なものであるか、われわれは認識しなければならないと思う。間接費を文字どおり間接費として十把ひとからげにして製品に割掛けて、我事終われりとしている会計屋さんには、経営のことなんか何もわからないのである。

——閑話休題——

ダイレクト・コスティングの考え方、すなわち製品原価と期間原価を分離計算することによって、どのように事態を正しく把握し、問題を解決できるかを、前章の例によって説明してゆきたいと思う。

2・3 収益比較はどのように行うか
――〝駄鶏淘汰〟の説明――(三〇ページを参照)

ダイレクト・コスティングでは、原価を比例費と固定費に分解するわけであるが、説明の都合上本章では比例費を材料費と購買外注費だけとし、その他を固定費とする。というのは、この二つで比例費の圧倒的パーセンテージを占める場合が多く、たとえ他の比例費を無視しても、大勢にはほとんど影響がないからである。

駄鶏淘汰の項の損益計算書〈表1、三二ページ〉を比例費と固定費に分けて書き直してみると、〈表15〉のようになる。これは原価を比例費と固定費に分けはしてあるものの、計算のやり方は全部原価なので、本質的には全部原価計算なのであり、このままでは、やはり同じ誤りをおかしてしまうことになる。だから原価を比例費と固定費に分けただけでは意味がなく、計算もダイレクト・コスティングのやり方でなければダメなのである。

ダイレクト・コスティングで損益計算書を作成するに際して、説明しておかなければならないことがある。それは、次のような事がらだ。

ここで、もう一度固定費の性質を確認してみると、固定費は、製品の数とは無関係に、経営の総額として期間に比例して発生する費用だということである。したがって、A製品だけ造ろ

表 15　X月損益計算書

製品	売価	比例費	固定費	総原価	単位当り利益	生産販売数量	総利益
A	100円	70円	21円	91円	9円	10台	90円
B	160〃	120〃	36〃	156〃	4〃	10〃	40〃
計							130円

うと、B製品だけを造ろうと、あるいはA・Bをどのような割合で造ろうと、それらには関係ない。だから、「A・Bいずれをとるか」という方針を決めるときに、どちらをとっても変わらないものを計算に入れる必要はないのである。

私達が洋服生地を選ぶときのことを考えてみよう。品質も値段も全く同じで、色だけ違う二種類の生地がある場合には、色だけを比較して好みのものをとればいいのであって、品質や値段を考える必要はないわけである。こういう場合の考え方としては、

A・Bいずれをとるかによって変動する部分のみを比較するのが正しいのである。

では、A・B両製品のどちらをとるかで変わる部分は何であろうか。それは売価と比例費であるから、

製品	売価	比例費	値差	収益性順位
A	一〇〇円	七〇円	三〇円	②
B	一六〇円	一二〇円	四〇円	①

のようになって、Bのほうが有利であることは、小学生にでもわかるだろう。この値差の違いの一〇円に数量の一〇をかけた一〇〇円が、AまたはBだけ造ることによって、もとの利益一三〇円にマイナスされたり

プラスされたりして、三〇円になったり、二三〇円になったりするだけの話である。限界利益という考え方でいけば、なんと簡単明りょうなことではないだろうか。
もし、この会社でダイレクト・コスティングを採用していたならば、〈表1、三三ページ〉の損益計算書は、〈表16〉のような形で示されたはずで、こうした報告書ならば、だれも迷わず、間違わないのである。試みに、A製品だけの場合とB製品だけの場合の損益計算書を、ダイレクト・コスティングで作ってみると〈表17〉〈表18〉のようになる。

ここで気をつけなければならないのは、A・B両製品は、どちらを造っても、工数が同じだからこうなるのであって、もしも、B製品一〇台をやめることによって、A製品二〇台を造ることができる場合には、

製品	値差		数		限界利益
A	三〇円	×	二〇	=	六〇〇円
B	四〇円	×	一〇	=	四〇〇円

となって、今度はB製品をやめるほうが有利となるのである。したがって、Bを一〇台やめることによって、Aを何台以上造れれば有利か、ということをみるには、

B一〇台を造ったときの限界利益　四〇円×一〇＝四〇〇円
四〇〇円の限界利益を得るためのAの台数　四〇〇円÷三〇円≒一三・三

表 16　**X月損益計算書（ダイレクト・コスティング）**

製品	売価	比例費	値差	値差順位	販売数量	総限界利益	固定費			純利益
							製造固定費	一般管理費・販売費	計	
	Ⓐ	Ⓑ	Ⓒ（Ⓐ－Ⓑ）		Ⓓ	Ⓔ（Ⓒ×Ⓓ）	Ⓕ	Ⓖ	Ⓗ（Ⓕ＋Ⓖ）	Ⓘ（Ⓔ－Ⓗ）
A	100円	70円	30円	②	10	300円				
B	160〃	120〃	40〃	①	10	400〃				
計						700円	380円	190円	570円	130円

表 17　**A製品損益計算書**
（〈表3〉をダイレクト・コスティングで計算したもの）

製品	売価	比例費	値差	販売数量	総限界利益	固定費	純利益
A	100円	70円	30円	20台	600円	570円	30円

表 18　**B製品損益計算書**
（〈表4〉をダイレクト・コスティングで計算したもの）

製品	売価	比例費	値差	販売数量	総限界利益	固定費	純利益
B	160円	120円	40円	20台	800円	570円	230円

となって、Aを一四台以上造れたらいいということがわかる。

では、A一〇台をやめて、Bを二〇台造る場合に、人件費が一カ月五〇円増加する場合はどういう計算をしたらいいのだろうか。

「A・Bいずれをとるかによって、変わる部分のみを比較する」のである。すなわち、

	B20台を造る場合の限界利益増	100円
−)	〃　固定費増	50円
	差引限界利益増	50円

となるのである。

このように、収益というものは常に〝経営全体でどうなるか〟ということを考えなければならないのであって、製品の単位当り原価や値差だけでは、判定を誤ることが多いから注意を要する。ありがたいことに、ダイレクト・コスティングでは、経営全体でどうなるかということが、バカみたいに簡単な計算でできるのである。

2・4 出血か否かを判定するには

――〝息子の安給料〟の説明――(三七ページを参照)

「新しい仕事は赤字である、現状でさえ赤字なのにこの上赤字を累積するわけにはいかない」ということで新しい仕事を断念したが、実際は黒字で、もしこの仕事をやっていれば、みごとに黒字転換をしていたのに、そのチャンスを逃がしてしまった、という恐ろしい話であった。

この判断の誤りは、経営全体の損益を見ずに、一製品の全部原価のみしか見なかったための誤りであった。といって、こうした場合に、会社全製品の原価計算をその都度行うことは、実際にはできない相談なので、これをどうしたらいいか、というのが問題であった。

この問題を解くカギは、読者にはもうおわかりのことと思われるが、この仕事をすることによって変わる部分だけ、計算すればいいのであって、この場合は固定費の増減はないから計算は不要で、限界利益の計算だけでいいのである。

値差　　　四五円－三二円＝一三円

限界利益増　　一三円×一〇＝一三〇円

となって、この一三〇円がそのまま純利益の増加なのである。そして、現在の赤字一〇〇円を埋めて、なお三〇円の利益が出るわけで、息子の月給で、りっぱに家計が黒字転換することが

表 19　**S社X月損益計算書**

製品	売価	比例費	値差	生産販売数量	総限界利益	固定費	純利益
A	120円	72円	48円	10	480円	580円	△100円

〔注〕固定費＝（1台当り製造固定費＋1台当り一般管理費・販売費）×生産数量
＝（10円＋48円）×10＝580円

表 20　**S社のA・B両製品を造った場合の損益計算書**

製品	売価	比例費	値差	生産販売数量	総限界利益	固定費	純利益
A	120円	72円	48円	10	480円		
B	45〃	32〃	13〃	10	130〃		
計					610円	580円	30円

わかるのである。念のために、〈表6、三九ページ〉をダイレクト・コスティングでやってみよう。その結果が〈表19〉である。

さらにA・B両製品を造った場合〈表8、三九ページ〉の損益計算書は〈表20〉のような形で示されることになる。しかし、こうした全体の計算をしなくても、黒字転換はB製品の限界利益計算だけから判定できることは、前に述べたとおりなのである。

ところで、もしB製品の売価が四〇円で、比例費が三二円だったらどうであろうか。この場合の限界利益増加は、

（四〇円－三二円）×一〇＝八〇円

で、これでは会社の赤字一〇〇円におよばず、会社は依然として赤字なのである。こうした場合は、どう考えたらいいだろうか。会社の収益が増加することには違いないのだが、赤字を完全に埋めき

れない、という状態である。この場合、B製品を造ったために、会社をなお苦しくするということはあり得ない。これは、

「息子の給料(売価)は安くとも、本人の食いぶち(比例費)さえまかなえれば、家計を負担する能力(固定費負担能力)は足りなくとも、家計に負担をかける(赤字増加)ことはない」

と考えればいいのである。本当の赤字というのは、売価が比例費を割った場合で、このときは、造れば造るほど赤字はふえるが、これは〝真性出血〟である。また、売価が比例費を割らない場合は、たとえ出血のようにみえても、造れば造るほど損をするということはなく、ただ固定費を負担する能力が足りないということなので、このような状態を〝疑似出血〟という。

経営者は、真性出血か疑似出血かをよく見きわめて、手をうたなければならないが、これはダイレクト・コスティングではじめて可能なのである。

ここで注意しなければならないのは、はじめの場合に「B製品を受注することによって赤字がふえる」という判断が誤っているということであって、B製品を受注するか否かは、正しい損益をつかんだ上で、経営方針とニラミ合わせて決定されるべきもので、したがって、「B製品によって会社は黒字になる。しかし受注しない」という決定もあり得ることをいい添えておこう。しかしながら、黒字転換の場合には、常識的には受注決定が正しい政策であろう。

後者の場合、すなわち疑似出血ならば、もしなお設備人員が余り、さらに新しい仕事をして収益をあげられる見通しがあるときは受注OK、設備・人員をフルに使わねばならず、かつ継続生産という場合には、たとえ赤字減少になっても、引き合いを断わって別の仕事を探すか、あ

るいはそうした状態で黒字になるような手を打つというようなことをよく考えてみなければならないだろう。

要はいろいろの要因を勘案しての総合判定である。

2・5 外注は高くつくのか、安くなるのか

―〝他人のフンドシで相撲をとったら〟の説明―（四一ページを参照）

ある計画をたてた場合、それと従来の方法とどちらが得かを判定しなければならない。こうした場合の損益比較は、〝どちらをとるかによって変わる部分〟を比較すればよいことは前に述べたが、この問題について、その変わる部分を比較すると、

1. 外注の場合の費用

外注単価×数量　六九円 × 一〇、〇〇〇 ＝六九〇、〇〇〇円……①

2. 内製の場合の費用

材料費	五〇円 ×一〇、〇〇〇 ＝	五〇〇、〇〇〇円
製造固定費の増加	五　円 ×一〇、〇〇〇 ＝	五〇、〇〇〇円
一般管理費の増加		四〇、〇〇〇円
計		五九〇、〇〇〇円……②

3. ①と②の差

六九〇、〇〇〇円 − 五九〇、〇〇〇円 ＝ 一〇〇、〇〇〇円

となって、内製のほうが有利なのである。

念のために補足説明をすると、

1. 製造固定費は一個当り八円だが、新たにふえる部分は一個当り五円で、三円は従来の固定費からの割掛けであるから、この仕事をしてもしなくても変わらぬものである。

2. 一般管理費も、新たにふえる部分は一カ月四〇、〇〇〇円であり、残りの一四〇、〇〇〇円（一八円×一〇、〇〇〇−四〇、〇〇〇円）はこの製品を造らなくとも、やはりかかる費用なのである。

このような増加分の費用のことを、増分費用（Increment Cost）と呼ぶ。

われわれは、こうした場合には常に〝増分費用はいくらか〟をはっきりとつかんだ上で、損益比較を行わないと、とんでもないトンチンカンな判定を下すことになりかねないから、十分な注意が必要である。

この例では、外注費用が五九万円より安い場合にはじめて外注が安あがりだ、といえるのである。こうした費用の把握は、全部原価ではサカダチしても不可能であり、ダイレクト・コスティングではじめて可能なのである。

2・6 製品の加工度を高めたらどうなるか
――〝ほねおり損のくたびれもうけか〟の説明――（四三ページを参照）

この場合も考え方はすでに述べてきたとおり、経営全体でどうなるかということをみれば、すなわち変わるものと、変わらぬものを見きわめて判定すればいいのである。

①　収入の増加……売価の差　三〇〇円－二〇〇円＝一〇〇円
②　支出の増加……費用の差　加工比例費　六〇円
　　差引収入増　四〇円

となって、Bに加工したほうが四〇円利益が大きくなる。

ところで、B製品の固定費五〇円はいったいどうしたのだろう。この費用は、もしB製品を造らなかったら、他の製品に割掛けられている費用だから、経営全体からみた場合には変わらない費用なので、計算に入れてはいけないのである。もし、B製品を造ることによって、固定費も増加する場合、たとえば増員する場合などには、その総額を増分費用として、増分収入から差引いて判定すればよいことは前に説明したとおりである。

ここでくり返し強調しておきたいのは、どの費用が経営全体として変わり、どの費用が変わらないかを見きわめることが大切だが、この場合に「全部原価では誤りをおかしやすく、ダイレクト・コスティングならば安心である」ということである。

2・7 設備新設の経済性はどうか
――〝とらぬタヌキの皮算用〟の説明――（四四ページを参照）

数字というのは恐ろしいものである。これが表示されてもっともらしく説明がつけられると、たとえそれが誤った数字であろうとも、本当のように思われてしまうことが多いのである。だから、示された数字の内容をよく検討する必要がある。

以下がその例である。一四カ月で設備費を償却してしまうという結構な話であるが、本当だろうか。もう一度〈表11、四六ページ〉を検討してみよう。

この計算書で、大きな誤りをおかしているものがある。それは賃率（チャージ）の問題だ。賃率というのは、固定費の総額を直接作業人員の作業時間に割掛けて、単位時間当りいくらというふうに表現しているわけで、実際にこれだけ稼いでいる、あるいはこれだけ稼がなければ食っていけない金額であるが、これをそのまま経費節減額に使用したところが、間違いのもとなのである。というのは、賃率の大半は工数とは関係のない費用の負担分であって、工数を節減してもそれらの費用は減らないからで、賃率のうちのごく一部である直接作業者の賃金だけが、工数節減によって浮いてくるものである。

いま仮に、この賃金を一分間当り一円五〇銭として計算してみると、

一個当り節約賃金　一・五円×八＝十二円

一カ月当り節約賃金　十二円×二、〇〇〇＝二四、〇〇〇円

と、たったこれだけしか浮かないのであり、したがって一一〇万円を償却するには、金利を度外視しても

一、一〇〇、〇〇〇÷(二四、〇〇〇×一二)≒三・八(年)

もかかることになって、金利負担を計算したら五年くらいは要するだろう。これが本当のところなのである。

この誤りは、講習を受けた人が、単に〝加工時間節約の利益〟とだけしか教わらなかったのを、自分で賃率を当てはめて計算してしまったところにあるのだ。しかし、これは教えるほうでよく教えなかった、というのがほんとうの原因と思われ、教え方の不親切であることを指摘したい。

このような例は少なくない。

たとえば、在庫管理では必ず出てくる経済発注単位の計算に、〝一回の発注費用〟というのがあるが、これも全部原価でやったら大きな間違いを起こす結果となる。一回の発注業務において、実際に増加する費用はごくわずかなはずだが（通信費くらいのもの）、これを過大に見積ってしまうのが、全部原価の割掛けのカラクリなのだ。

また、ＯＲ（オペレーションズ・リサーチ）の解説書（＊３）に、単に利益というコトバが使われているのをみたことがあるが、読む人はこの利益をどう解釈するだろうかと心配になったことがある。この場合は、必ず限界利益でなければならないからである。

経営体内における、金に関する問題では、このように全部原価の落し穴が至るところに仕掛けられているから、用心に用心を重ねる必要がある。

この例は単なる新設であるが、更新の場合には残存価値のある設備を廃棄するとか、売却するとかの問題がからまってくる。この場合でも、考え方としては〝変わるもの〟の比較でよいのだが、長くなるので、この説明は『原価の魔術』（今坂朔久著　白桃書房刊）に譲ることにする。

2・8　売価はどのようにして決定するか

―〝スキー宿の原価計算〟の説明―（二二ページを参照）

数字というものは恐ろしい魔力をもっているもので、売価が原価を割るという計算結果が出た場合は、絶大な圧力をもって経営者に決断をせまる。経営者はあわてふためき、赤字解消の手を打とうとするが、全部原価は〝過去の単位当り総原価〟しか示さないのであるから、「どうしたら赤字を防げるか」とか、「どうしたら収益を増加できるか」ということになると、生産販売を中止するとか、売価を上げる、原価を下げる、というような観念的な示唆しか得られない。

しかし、経営に必要なのは、あくまでも〝具体的対策〟であって、全部原価からは、これが得られないから経営者は困惑するのである。論より証拠、スキー宿の原価計算からは何も具体的対策は生まれてこず、生まれるのは迷いくらいのものである。

幸いにして、スキー宿の経営者はダイレクト・コスティングという正しい原価計算をしたおかげで、正しい政策をとることができたのである。ダイレクト・コスティングの原則、すなわち、

売価－比例費＝限界利益＝固定費＋利益

を思い出して下さい。この原則に従って夏期の限界利益を計算してみると、

（一、〇〇〇円－三〇〇円）×三〇（人）＝二一、〇〇〇円

となる。これが現状であるから、これより限界利益をふやすくふうをするわけで、そこでこの

表 21 **限界利益表**

固定費 1カ月	60,000

客の数	宿賃 1,000円	宿賃 900円	宿賃 800円	宿賃 700円
	値差 700円	値差 600円	値差 500円	値差 400円
10人	7,000円	6,000円	5,000円	4,000円
20	14,000	12,000	10,000	8,000
30	21,000	18,000	15,000	12,000
40	28,000	24,000	20,000	16,000
50	35,000	30,000	25,000	20,000
60	42,000	36,000	30,000	24,000
70	49,000	42,000	35,000	28,000
80	56,000	48,000	40,000	32,000
90	*63,000	54,000	45,000	36,000
100	70,000	*60,000	50,000	40,000
120	84,000	72,000	*60,000	48,000
150	105,000	90,000	75,000	*60,000
200	140,000	120,000	100,000	80,000
300	210,000	180,000	150,000	120,000

〔注〕*印は損益分岐点

経営者は、〈表21〉のような限界利益表を作ってみたのである。

この限界利益表の、限界利益と固定費との差が損益となるわけで、この表を見ながら、経営者は市場動向の洞察と経験から、次のように予測したのである。

（1）宿賃を九〇〇円にしても、お客にはあまり値下げの効果は期待できない。

（2）といって、七〇〇円に値下げしたのでは、値差が少ないので、人数の割に収益は上がらない。それにあまり下げるのも信用に関する。

（3）八〇〇円にすれば七〇～九〇人は期待できる。そうすると四〇、〇〇〇円前後の限界利益が見込める。したがって、赤字を二〇、〇〇〇円くらいに食い止めることができるだろう。

この予測はみごとに的中して、二〇、〇〇〇円の損で食い止めることができたのである。

このように、ダイレクト・コスティングでは、販売数量（客の数）と限界利益との関係、さらに損益まで事前に推定できるからこそ、正しい政策の決定が可能なのである。

二種類以上の製品がある場合には、限界利益表を製品ごとに作っておいて、限界利益が最も大きくなる組み合わせを知った上で、手を打つのである。しかし製品の種類も多く、その上設備や人員などに制限のあるのが現実であり、これらの要素を同時に考えてゆくことは容易ではなく、こうしたときに用いられるのがORのリニヤー・プログラミング——線形計画——といわれるものである（＊4）。これについての詳細は専門書に譲ることにしよう。

2・9 売価の見積りはどのように行うか

いままでは、売価変更についてのいろいろな話がでてきたが、それでは肝心かなめの売価の見積りはどのようにして行ったらいいのだろうか。ダイレクト・コスティングの製品原価は比例費のみであり、固定費は期間原価だというのなら、その期間原価はどのように考えたらよいのかということになる。

この期間とは、売価見積りの場合には工数ということ、すなわち〝単位時間当り限界利益〟という考え方をするのであって、式にしてみると、

製品価格 ＝ 一台当り比例費 ＋ 一台当り限界利益
一台当り限界利益 ＝ 単位時間当り限界利益 × 一台当り加工時間

ということになる。

それでは、単位時間当り限界利益はどうやって計算するかというと、式にして

$$\frac{\text{将来必要とする1カ月の限界利益（＝会社全体の上げたい1カ月の総限界利益）}}{\text{将来予測される1カ月の工場総工数（＝直接工の数×1人1カ月の予測稼働時間）}}$$

となる。こうした計算をする場合に、われわれは判で押したように〝過去の実績〟から求めるように教えられてきたが、過去の実績はあくまでも過去以外の何ものでもなく、過去にとらわれていると〝後向き〟になってしまう。実際は、これと反対の〝前向き〟こそ、われわれの考える本当の経営なのである。

むろん、将来のことといっても、過去の実績を計算し、これをもとにして、将来はどこがど

のように変わってゆく、あるいは変えてゆく、というプロセスを踏まなければならないが、この将来の変化を予測して数字を変えてゆく、という前向きの考え方や態度こそ、変化の速度の早くなってきている最近の経営には、特に大切なことなのである。

ついでに、原価に大きな影響をおよぼす在庫管理についても、「過去の実績を調べて、使用量の大きなものや使用度数の高いものは、これこれの基準に従って購入しなさい」というようなことを教わるが、これも間違った考え方である。たとえば、従来は鋳物を使っていたが将来はプレス加工品とする、という考えが技術部門にあるにもかかわらず、過去の実績を基準にして鋳物を購入したらどういうことになろうか。だいたいにおいて倉庫なるものは、いるものがなくて、いらないものがあるという傾向があるのだが、その原因の一端は、このような過去の実績にとらわれた後向きの考え方にあるのだ。購買というものは、あくまでも〝将来の使用量を予測して購入する〟のが本当なのであって、このためには、営業部門や設計部門とよく連絡をとりながら購入すればよい。

社内コミュニケーションが悪くて、将来使いたくないものまで購入してしまい、在庫があるからといって、設計変更や新製品を遅らせるというようなことにでもなったら、それこそ会社にとっては大きなマイナスといわなければならないだろう。

――閑話休題――

こうして求められた価格を、そのまま打ち出すのではない。これはあくまでも基準になる価格であり、これに市場の情勢、競争会社や競合商品などの種々な条件を勘案して修正するのであって、そのとき、すでに述べたダイレクト・コスティングの考え方でやれば間違いはない。

売価について妙な迷信がある。というのは、良品廉価、薄利多売という考え方であり、これを原価主義という。これはむろん一面の真理ではあるが、何もかもこれで押そうというのは芸のない話である。

元来価格というものは原価とは無関係のものだ。価格はその商品のもっている機能と需給関係から決まるものであって、原価から導き出されるものではない。たとえば、この品物は苦心の作で、原価はこれだけかかっているからこれこれの値で買ってくれ、といってみても、機能が悪ければだれも相手にしてはくれないだろう。本田技研の社長が、「お客は一、生、懸、命、賃は出してくれない」といっているのは、実に至言であると思うのである。

その反面、良質なもの、ユニークなものなどで、もうけられるものは大いにもうけることが大切であって、堂々ともうけることを一種の罪悪視する考え方は間違っている。製造原価の一〇%とか一五%が適正利潤であり、それ以上は暴利であるかのような所説が一般にあるが、その一〇%とか一五%になんの根拠があるというのだろうか。そのような金利的な考え方で経営できようはずがなく、経営はもっともっと奥深く、複雑な性格をもっているものである。経営体にとって、もうけというものがどのような機能をもつものであるかを理解しなければ、経営そのものを危くすることにもなりかねないのである。

ドラッカー氏を煩わして説明していただこう。

――『現代の経営』より――

『利益は三つの機能をもっている。第一の機能は、経営努力の有効性と健全性との測定である。つまりそれは、経営の良否を最終的に判定する役目を担っている。

第二に、利益は、事業の存続に必要な諸経費――設備の更新費、市場における危険と不測の事態に対する準備金等――をカバーする資金という機能をもっている。この観点に立つと〈利益〉なるものは存在しない。あるものは〈事業維持費〉ないしは〈事業継続費〉とか呼ばれるものだけである。事業の役割は適当な利益をあげて、このいわゆる〈事業維持費〉または〈継続費〉を生み出すことである。この役割は決して生易しいものではなく、また、どの会社もこの役割を充分に果しているとはいえない。

最後に利益は、事業の革新および拡大に必要な資本の調達を確実にする機能を有している。それは直接的には、社内留保を増大することによって自己金融の道を開き、間接的には、外部資本が事業目標の達成に最も適した形態で流入する誘因をつくり出す。

利益のこれら三つの機能のいずれをとってみても、経済学者達が好んで用いる〈最大利潤の追求〉概念とは何らの関連ももっていないことがわかる。利益は事業の存続と繁栄にとって必要最少限の要件を充たすという意味において、〈最大〉という概念よりは、むしろ〈最少〉という概念に結びついているものである。従って、事業の収益性に関する目標は、事業があげうる最大の利益ではなく、事業が何としても生み出さなければならない最少限の利益を定めるものでなければならない。』

このように、利益というのは事業を継続するための、〝必要経費〟であるということの認識をもたなければならないと思うのである。
〔利益の機能については、ドラッカー著『新しい社会と新しい経営―THE NEW SOCIETY』（邦訳：ダイヤモンド社刊）、第四章〝損失回避という法則〟において詳しく論じられている〕

2・10 期間損益の把握をどうして行うか

―〝火の車の黒字決算〟の説明―（四七ページを参照）

全部原価によるおかしな損益計算に、われわれはサンザン苦しめられてきた。もうたくさんである。

そこで、ダイレクト・コスティングによる正しい損益計算をしてみよう。やり方は上に示すような計算をすればいいのである。〈表12、四八ページ〉をダイレクト・コスティングでやり直したのが〈表22〉である。

	売上高
-)	比例費（売上原価）
	限界利益
-)	固定費
	純利益

これが本当の姿であり、これならだれでも納得がいくであろう。ついでに、〈表13、四九ページ〉と〈表14、五〇ページ〉をダイレクト・コスティングで計算したものを〈表23〉〈表24〉にお目にかけよう。

表 22 **月次損益計算書**
(表 12 と同じもの)
(ダイレクト・コスティング)

製品の売価(1台)　2.5万円
比例費(1台)　1.0 〃
固定費(1ヵ月)　120 〃

	X月			Y月		
売上	(40台)		100万円	(140台)		350万円
売上原価						
繰越在庫	(0台)	0万円		(60台)	60万円	
製造総原価	(100台)	100 〃		(80台)	80 〃	
計		100万円			140万円	
月末在庫	(60台)	60 〃	40 〃		0	140 〃
限界利益			60万円			210万円
固定費			120 〃			120 〃
純利益			△60万円			90万円
単位当り原価		1万円			1万円	

表 23 **X・Y月、月次損益計算書**
(表 13 と同じもの)
(ダイレクト・コスティング)

	X月			Y月		
売上	(50台)		125万円	(110台)		275万円
売上原価						
繰越在庫	(0台)	0万円		(50台)	50万円	
製造総原価	(100台)	100 〃		(60台)	60 〃	
計		100万円			110万円	
月末在庫	(50台)	50 〃	50 〃		0	110 〃
限界利益			75万円			165万円
固定費			120 〃			120 〃
純利益			△45万円			45万円
単位当り原価		1万円			1万円	

表 24　**X・Y・Z月、月次損益計算書**
（表 14 と同じもの）
（ダイレクト・コスティング）

	X月			Y月		
売上	（　0台）		0万円	（　0台）		0万円
売上原価						
繰越在庫	（　0台）	0万円		（100台）	100万円	
製造総原価	（100台）	100　〃		（100台）	100　〃	
計		100万円			200万円	
月末在庫	（100台）	100　〃	0　〃	（200台）	200　〃	0　〃
限界利益			0万円			0万円
固定費			120　〃			120　〃
純利益			△120万円			△120万円
単位当り原価	1万円			1万円		

	Z月		
売上	（　1台）		2.5万円
売上原価			
繰越在庫	（200台）	200万円	
製造総原価	（100台）	100　〃	
計		300万円	
月末在庫	（299台）	299　〃	1.0　〃
限界利益			1.5万円
固定費			120　〃
純利益			△118.5万円
単位当り原価	1万円		

ダイレクト・コスティングでは、このように素直に損益を表現するが、全部原価ではなぜ素直に実態を表わさないのだろうか。その理由は固定費の割掛けにある。というのは割掛けた固定費を資産に計上してしまっているのであって、これが間違いのもとなのである。すでに使ってしまった費用を、まだ売れない品物に割掛けて資産にしているのだからムチャな話で、このムチャが法律で決められたやり方なのだから困るのである。

会計の原則に、〝発生主義の原則〟というのがある。取引の発生をそのとおり計算し、発生しないものは計算してはいけない、という至極あたりまえのことである。ところで、固定費をまだ売れない製品に割掛けて資産としているというのは、この原則に反することになるのである。なぜならば、製品が売れてこそ固定費の割掛けがそのとおり実現するのであって、売れないうちは〝未発生〟であるからだ。自ら作った原則に、自ら反していながら、それに気がつかないのだから、実にオメデタイことである。

しかし、オメデタイのは会計学者だけであって、経営は少しもオメデタクはないのであり、このような損益計算書を信用していたら大変なことになるだろう。もし、〈表12〉のX月の業績が、そのまま六カ月（一～六月）続いたとしたら、その損益計算書はどうなるだろうか。それは〈表25〉のようになるのである。

全部原価では毎月一二万円ずつ黒字で、六カ月間で七二万円の利益が出たというのだが、実際には、ダイレクト・コスティングによる計算で明らかなとおり、毎月六〇万円の赤字、六カ月間で三六〇万円の損なのである。おまけに、三六〇万円もの資金が在庫品に化けているのだ

3月			4月		
(40台)		100万円	(40台)		100万円
(120台)	264万円		(180台)	396万円	
(100台)	220 〃		(100台)	220 〃	
	484万円			616万円	
(180台)	396 〃	88 〃	(240台)	528 〃	88 〃
		12万円			12万円
(40台)		100万円	(40台)		100万円
(120台)	120万円		(180台)	180万円	
(100台)	100 〃		(100台)	100 〃	
	220万円			280万円	
(180台)	180 〃	40 〃	(240台)	240 〃	40 〃
		60万円			60万円
		120 〃			120 〃
		△60万円			△60万円

6カ月計		
(240台)		600万円
(0台)	0万円	
(600台)	1320 〃	
	1320万円	
(360台)	792 〃	528 〃
		72万円
(240台)		600万円
(0台)	0万円	
(600台)	600 〃	
	600万円	
(360台)	360 〃	240 〃
		360万円
		720 〃
		△360万円

表 25　**6カ月間損益計算書**

		1月			2月		
全部原価	売上	(40台)		100万円	(40台)		100万円
	売上原価						
	繰越在庫	(0台)	0万円		(60台)	132万円	
	製造総原価	(100台)	220 〃		(100台)	220 〃	
	計		220万円			352万円	
	月末在庫	(60台)	132 〃	88 〃	(120台)	264 〃	88 〃
	売上利益			12万円			12万円
ダイレクト・コスティング	売上	(40台)		100万円	(40台)		100万円
	売上原価						
	繰越在庫	(0台)	0万円		(60台)	60万円	
	製造総原価	(100台)	100 〃		(100台)	100 〃	
	計		100万円			160万円	
	月末在庫	(60台)	60 〃	40 〃	(120台)	120 〃	40 〃
	限界利益			60万円			60万円
	固定費			120 〃			120 〃
	純利益			△60万円			△60万円

		5月			6月		
全部原価	売上	(40台)		100万円	(40台)		100万円
	売上原価						
	繰越在庫	(240台)	528万円		(300台)	660万円	
	製造総原価	(100台)	220 〃		(100台)	220 〃	
	計		748万円			880万円	
	月末在庫	(300台)	660 〃	88 〃	(360台)	792 〃	88 〃
	売上利益			12万円			12万円
ダイレクト・コスティング	売上	(40台)		100万円	(40台)		100万円
	売上原価						
	繰越在庫	(240台)	240万円		(300台)	300万円	
	製造総原価	(100台)	100 〃		(100台)	100 〃	
	計		340万円			400万円	
	月末在庫	(300台)	300 〃	40 〃	(360台)	360 〃	40 〃
	限界利益			60万円			60万円
	固定費			120 〃			120 〃
	純利益			△60万円			△60万円

から、サイフのほうは七二〇万円苦しくなっているわけである。

こんなにも切迫しながら、全部原価では毎月黒字だというのである。赤字台風の襲来による経営の危機切迫も、全部原価は全然警告を発しないばかりか、逆に黒字薫風ソヨソヨと楽観的である。これでは経営の役にたつどころか、会社を危くするのがオチである。ダイレクト・コスティングならば、経営者は「これは大変だ。赤字台風だ」とすぐに気がつくのである。

もともと、全部原価というやり方は生産主義であり、造りさえすれば、固定費をこれに割掛けて資産としてしまうのだから、全然売れなくても損益はゼロなのである。〈表14、五〇ページ〉のX月とY月がこの伝である。

これは固定費を繰延べたのと同じで、期間損益の把握を目的とする計算に費用を繰延べるということは、完全に目的からはずれていることになる。移動平均だか総平均だか知らないけれど、もともと目的からはずれているものは、どうひねくり回しても目的に合うはずがなかろう。そして、その損益ジリは、生産と販売の変化によって、実情とは全く違った数字をつくり出してゆくのである。

ここにあげた例は、説明の都合上、極端な場合を掲げたのであるが、実際の場合にはもっときわどいところで勝負している上に、いろいろ複雑な状況が加わるので、「もうかっているのか、損をしているのかさっぱりわからない損益計算書だ」と経営者を嘆かせるのである。しかたがないから〝勘〟で判断するより方法がないのだ。

しかしである。会計学のお偉い人は、「会計は実務であり、実践である」といい、そして、真実の姿を示さない全部原価による財務報告書を分析せよ、というのである。流動比率がどうの、営業利益率がどうのといってみても、見当はずれの解答しか得られないことは、読者もすでにわかっていただけたことと思う。これについての実例を披露するが、文字どおり本当にあったことであり、筆者自身この渦中に巻き込まれた一人なのである。

K社はある業界で一、二を争う有力会社であった。むろん株は上場(今の市場第一部)されていて、しかも人気株の一つであった。

ある年のことである。モデルチェンジの失敗によって売上は激減し、業績は急速に悪化してきた。もちろん、会社ではこの失敗を取りもどすために、来年度の新製品を早めに打ち出す計画で、当然のこととして、現型式は減産してストックの増加を防ぐ手を打とう、ということが会議で決まりかけた。

そのときである。経理担当重役のO氏から強硬な横ヤリがはいった。「早期に新型式を売り出すのは賛成だが、現型式の減産には反対である」と、売れない製品の減産に反対だというのである。一同は「そんなムチャな」とばかり、かなりもめたのだが、「K社はO氏でもつ」とまで陰でいわれた実力者であるO氏の徹底的ながんばりに、ついに減産を中止させたのであった。

しかし、O氏は決してムチャをやったのではなく、ちゃんとした計算の上に立った戦術だったのである。

結論を先に述べると、全部原価の原則を逆に利用して、会社の信用を保つ手を打ったのであって、売れないことは始めから承知であったのだ。

全部原価は生産主義である。いっさいの経費は製品に割掛けられて、売れなくてもちゃんと資産に計上されることは、前に説明したところであるが、これを利用したのである。そして、ついに決算書を黒字にし、銀行や株界の信用をつなぎとめた。むろん、資金ぐりは悪化の一途で、購入や下請代金の支払は強引に延ばしての苦しいヤリクリであった。

減産して赤字を出し、外部の信用を落とすのと、実質的赤字を減産せずに押し切って表面上は黒字決算をして、とにかく外部の信用をつなぎとめ来年の型式に期待するのと、どちらがいいかの決定に、O氏は他人にわからぬ苦しみを味わったことであろうが、この剣の刃渡りのようなイチかバチかの手を打つことができたのも、全部原価そのものに欠陥あればこそである。虚々実々の戦とはこのことで、油断もスキもあったものでない。

しかも完全に合法的なのである。ついでに、この魔術を見破る簡単な方法を説明しておこう。これは一期だけの決算報告書だけでは、内情を知らないかぎり、チョット無理だろう。三期分くらいの決算報告書をそろえ、棚卸資産と売上との比率をとってみるのである。棚卸資産の上がりぐあいが、常識的に考えて上がりすぎていると考えられれば、この魔術を使っている疑い大いにあり、とみてよいだろう。〈表25、一〇一ページ〉の全部原価の欄の月末在庫の増加ぶりをみて研究していただきたい。

2・11 前向きと後向き

このへんで、全部原価とダイレクト・コスティングの性格の大きな違いについて、考えてみることにしよう。

いままであげた例で、全部原価は〝過去の実績〟はこうであった、ということは計算できても、将来のことについては無力であることがわかっていただけると思う。すなわち、完全に後向きなのである。

これに対して、ダイレクト・コスティングでは、将来の予測が可能である。すなわち前向きなのである。経営のカジをとるために、ダイレクト・コスティングは有能な水先案内人なのである。

しかし、有能ではあっても、必ずしも最高ではなく、また万能でもないことは、心得ておかなければならないことで、前にあげたＯＲとかＥＥ（エンジニアリング・エコノミー……技術経済）の諸手法、サイバネチックス（＊5）、その他もろもろの考え方ややり方があり、それぞれの特色をもっており、目的に応じて使い分けることが大切なのである。

2・12 ダイレクト家のメンバー

ダイレクト・コスティングでは、費用を固定費と比例費に分解する必要があるが、これには費目によってははっきりと分けられるものもあり、分けられないものもある。そこで比例費の条件をはっきりさせて、分解に際して間違いのないようにしなければならない。その条件は次のようなものである。

1．ダイレクト・コスト（比例費）は生産量の増加に比例して増加するコストである。

すなわち、製品一個増産したときに、明らかに増加するということが把握できる費用である。具体的には、

○直接材料費（購入部品を含む）
○外注加工費（製品またはその部分品）
○補助材料、副資材費
○生産用消耗品費
○工具・型代
○動力費（保安用は固定費）
○生産用の燃料費（溶解・加熱・乾燥など）

○荷造・包装費
○仕損費

2．ダイレクト・コストは生産量の減少に比例して減少するコストである。

生産量が増加するときは増加しても、減少するときに減少しない費用があり、これは比例費ではない。その代表的なものが人件費である。全部原価では直接費にはいっている直接労務費をとって考えてみよう。フル操業のとき、さらに増産するには、増員しなければならないから、直接労務費は増加する。しかし、いったん増加した人員は、臨時工ならば話は別であるが、多くの場合は固定化し、生産が下がったからといってそれに比例して減少しないのが普通である。ダイレクト・コスティングでは「実際にどうであるか」を計算するものだから、現実に減少しないものを減少するとして計算するのは誤りである。用語の意味云々ではなく、「経営の必要に応じたデータ」なのである。

3．ダイレクト・コストは販売量の増減に比例して増減するコストである。

全部原価では、一般管理費・販売費として、間接費なる名目のもとに処理されてしまうもののうちにも、比例費があるのである。たとえば、運送費、運賃、荷役費、販売手数料、リベートなどを考えてみてもらいたい。ほとんどが比例費だ。このようにダイレクト・コスティングでは費目のいかんを問わず、その性質を考えることである。

表 26　相関図表

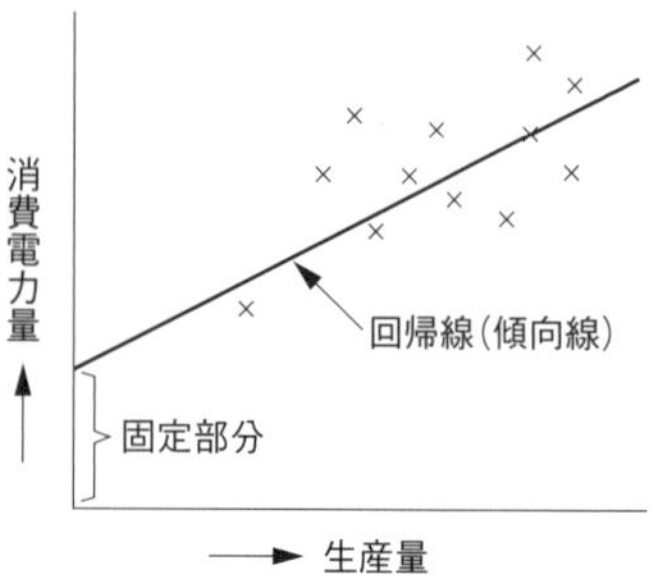

広告宣伝費、交際接待費などは、販売量の増減に比例しないので、固定費である。

4．手形割引料

これもよく考えてみると比例費である。しかし、手形の売上に対する比率や、サイトが変わったりするので、厳密な意味での比例費ではないが、性格的には比例費である。これは、製品別につかむことは困難であるが、その点はあまりむずかしく考える必要はなく、製品別の差を大まかにつかむ程度で、実用上不都合はない。

全部原価氏は、これを営業外費用だというのだが、営業外どころか、りっぱなダイレクト・コストなのである。営業外費用の本当の意味は、営業目的達成に無関係かまたは不要なものであるはずであり、ここにも混乱がある。

さて、比例費は費目によって杓子定規に決めるわけにはいかないだけでなく、業種や業態の違いによっても、全く違ってくる場合があることも知っておかなければならない。たとえば、水道料を考えてみよう。多くの業種では固定費であるが、炉の冷却水、メッキの洗じょう液、化学工業などでは比例費になるのである。

結論的にいうと、生産・販売の増減に比例して、実際に増減する費用はどれどれか、ということを、その会社の実態を調査して決めるべきだということである。

ある費目の中から比例部分を分離する方法には、いろいろあるが、相関図表を使って回帰線（傾向線のこと）を求めるくらいで十分であろう。相関図表というのは、二つの要素の間の関係を示す図表で、正相関（片方が増せば他方も増す、正比例的な関係）、逆相関（片方が増せば他方は減る、逆比例的関係）、無相関（どちらの要素の変化も、他方に影響を与えない）という三つの場合がある。生産量と消費電力などは正相関で、過去の生産量と消費電力量を相関図表にしてみたところ、〈表26〉のようになったとすると、固定部分の電力消費量はいくらか、が判明したわけである。

この回帰線をなるべく正確に描きたければ、最小自乗法とか、差引法など種々あるが、あまり精度ばかり気にするのは考えもので、多少精度を犠牲にしても、わかりよく、使いよいほうが実用的であろう。

2・13 ダイレクト・コストを決めるには

自社のダイレクト・コストは、どのようなメンバーで構成されているか、ということをはっきりと決めておく必要があり、その方式をはっきりと標準化しておくべきである。だれが計算しても、同一の結果を得る必要があるからだ。

この標準化の仕事は、経理屋さんにやらせないほうが無難である。かれらは絶対値そのものの正確ということを身上としているので、すぐに準変動費とか、逓減費だとかとやりだす。重箱の隅を楊枝でつつくようなことをやって、「手数がかかりすぎて、とてもとても」くらいがオチである。これは経理屋さんの罪ではなくて、やらせるほうが間違っているといえよう。要は、〝実用上差支えない精度〟をもっていればいいのであって、精度が高いほどいいのではないのだ。人間の身長は、一センチ程度のところまで問題にすれば十分で、一ミリまで云々しても意味はないのと同じである。

表27 パレート分析図

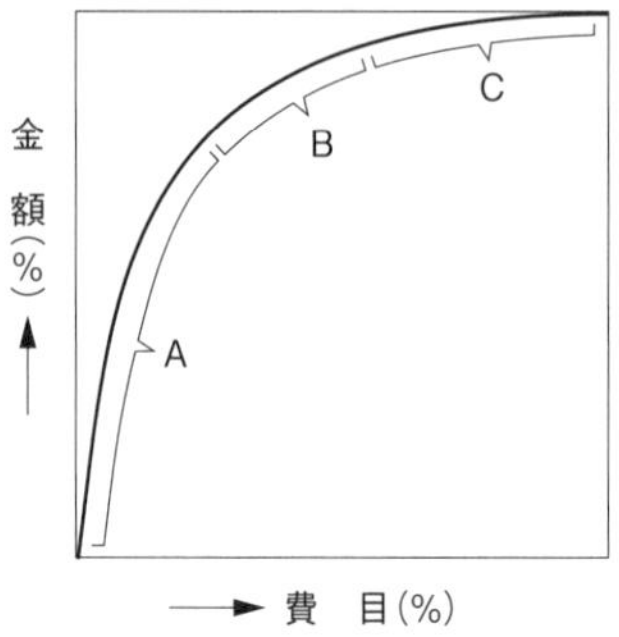

まず最初に、費用のABC分析（パレート分析）をやるのである。正式なやり方は、費目数（%）と金額（%）との関係をつかむ〈表27〉のようなものだが、こうした専門的な手法でなく、その考え方をとって、もっとやさしい、だれにでもわかるやり方をすすめたいと思う。

1. 一期（または半期）の全費目の金額を調べる。試算表があればOKである。
2. 方眼紙を用いて、〈表28〉のように金額の高い費目から順に記入したグラフを作る（このグラフは断面デ

表 28　費用ABC分析表

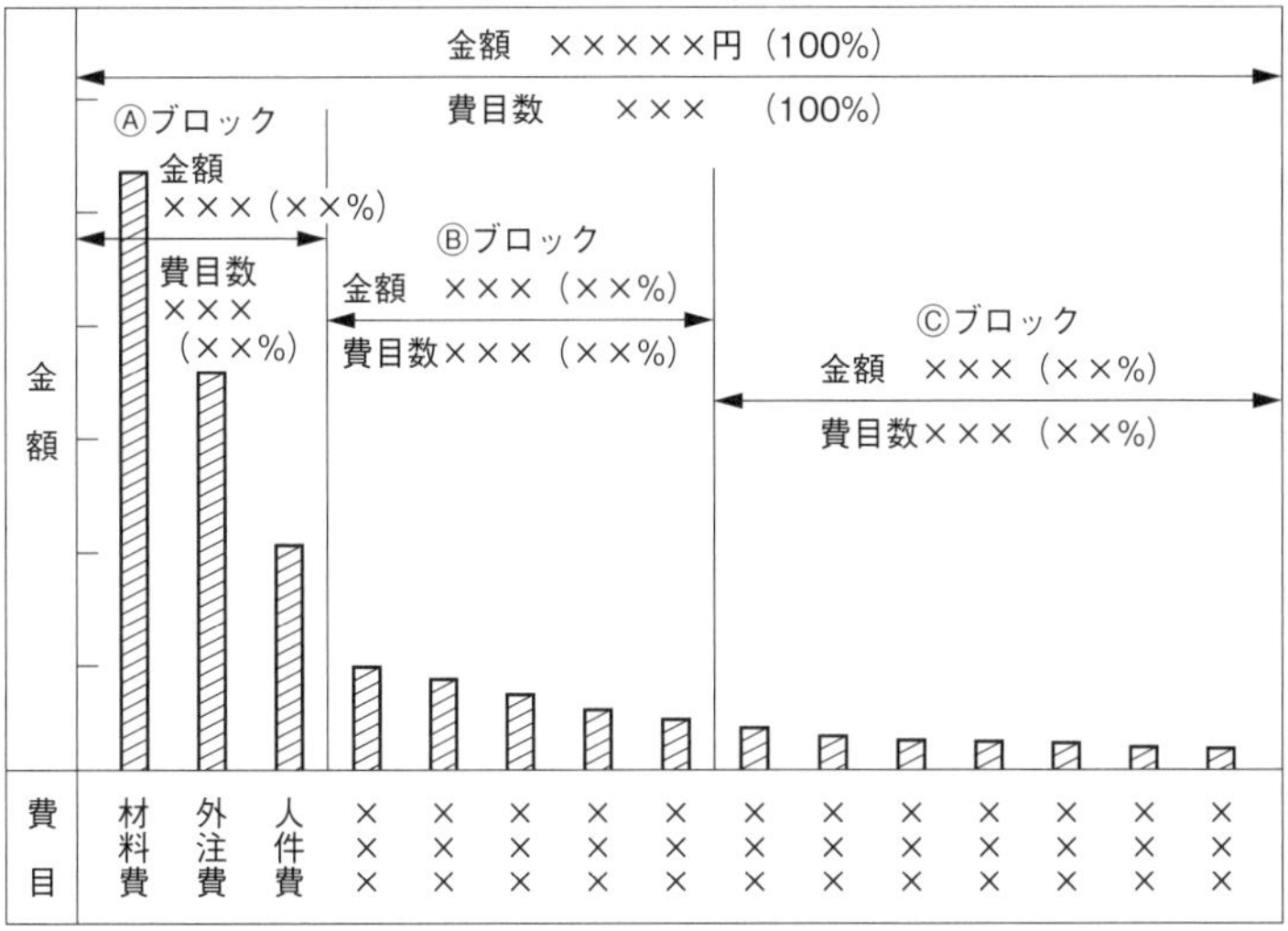

ータだから、横式が本当なのであるが、このほうが金額の感じがでる）。

3. 費用の総計を一〇〇%とした場合に、金額の高い費目から順に累計していき、総金額の七〇〜八〇%までの費目を計算して、これをAブロックとする。

4. 総費用の五〜六%の金額に当る費目を、少額のほうから累計し、これをCブロックとする。%に含みをもたせてあるのは、金額の区切りのいいところで区分したほうが管理上都合がよいからである（たとえば〝年間一〇〇万円以下の費目〟というように）。

5. AブロックとCブロックの中間をBブロックとする。

6. 最後に、各ブロックごとに、総金額に対するブロック金額%と全費目数に対するブロック費目数%を記入する。

これができたら、この分析表をよく見ていただきたい。すぐに気のつくことがあると思う。それは、

1. Aブロックは金額で大きな%を占めながら、費目数はごく少ない。
2. Cブロックは金額は少ないが、費目数ではきわめて多い。

ということである。これから必然的にいえることは、(1) Aブロックに含まれるごく少数の費目を管理することによって、費用の大部分を管理することができる、すなわち効率がよいということ、(2) Cブロックは、管理の手数をかけてみても、その割りに全体に対する効果の度合が少ない、すなわち効率が悪いということである。だから、何もかも一律に管理せずに、Aブロックは厳重な管理を行い、Cブロックは管理の手間を省く、というように、それぞれのブロックの特性に従って、最も効果的な管理をするやり方をすればよい。このような管理を〝ABC管理〟という。

経費節約というと、すぐに、「電灯は不要のときは手まめに消せ」「事務用品を節約せよ」などと、目先の、見えるものだけをうるさくいって、それ以上なんの知恵もない、というようなところをよく見かけるが、それ自体は悪くはないが、もう一歩突込んでABC管理の考え方から、重点を発見して手を打つべきであろう。

このABC管理という考え方は、非常に応用範囲が広く、工場の在庫管理、商店の取扱い商

品や仕入計画などに使って、資金の有効な利用をはかるのである。ついでに実例を紹介しておこう。

ある会社で、四〇種類ほどの製品を継続的に生産していた。筆者がその会社に出向いて、まっ先に型式の整理が必要ではないかと感じたので、型式別の売上金額のABC分析をしてみたのである。ところが、二〇種類で売上金額のたった五％という結果が出た。この結果を示して説明したところ、トップのかたが、「今までは、感じではバカらしいと思っていたが、これほどバカらしいとは今の今まで知らなかった。早速この二〇型式を整理する。六カ月後には完了して、その精力を生産に追われている主力製品にそそぐ」という決定をされた。この整理の段階で、お得意との了解工作にトップが自ら乗り出し、異常な熱意で当ったため、大したトラブルもなく整理は成功し、その後の成績は良好であるとのことであった。少し大ゲサだが、『事業経営は環境に順応することではなく、環境を変革し、革新する創造的な行為（P・F・ドラッカー）』

ということになるだろうか。

ABC管理で脱線してしまったので、話をもとのレールにもどそう。

ダイレクト・コストを分離する場合にも、このABC管理の考え方でやるのである。ABC分析をしてみればわかるが、大部分の会社では、直接材料費、外注購買費、人件費の三つで七〇～八〇％の金額を占め、しかもこれらは比例費か固定費かがはっきりしているのである。そうすると、この三費目ですでに原価の七〇～八〇％は分解できたことになり、後のたくさんの費目の分解で分解誤差の平均が一〇％であったとしても、原価の総額に対する誤差は、

（二〇～三〇％）×一〇％＝二～三％

ということになる。これは平均の話だから、完全固定費を除いたもの、いい替えれば、比例費と固定費の混在する費目の分解誤差は、もっとずっと大きくとも、原価全体に対する誤差は想像以上に小さいのである。だから、総額に対して一％や二％の費目をつかまえて、分解に苦労するのは得策ではない。しかも、実際の場合には大部分が比例費か固定費かの、どちらかの費用が多いのであるから、あまり神経質に考えずに、その費目全部を比例費か固定費かのどちらかに入れてしまっても、いっこうに差支えない。誤差を打ち消し合って、誤差が累積するというような心配はまずないだろう。

ダイレクト・コスティングは、外部に報告するためのものではなく、経営活動に必要な数字をつかめばよいのだから、個々の費用の精度云々でなく、全体としての実用性のほうが大切なのである。とかく、学者はこうした現実にはいっさいふれずに、理論的にばかり、比例費はこうであるとか、固定費はどうであるとか説明するので、それにまどわされてしまうおそれがある。理論に立脚する必要はあるが、とらわれる必要はない。

実務では、簡単にして要を得たやり方でなければ使うのに困るのであって、ＡＢＣ管理の考え方から、費目別分類を主張する筆者の考えは、ここにあるのである。

2・14 固定費は不変費ではない

固定費というコトバから受ける感じは、文字どおり、固定した不変な費用というようにもとれるが、本当の意味はそうではなく、本来の意味は、比例費にあらざるもの、すなわち非比例費なのである。これなら明りょうで、間違った解釈をされる危険がないので、筆者は非比例費と呼ぶべきであるという考えをもっているが、一般的でないので、固定費というコトバを使っている。もともと、不変な費用などというものが、経営体の中にあるということは、きわめてまれで、時の経過とともに変わってゆくのが当然で、変わらないほうがおかしいといえよう。

この固定費なるコトバのために、いろいろな混乱の起こる場合があり、学者先生のお説のうちに、「固定費即不変費」という考えに基づいたものがしばしばあるから、注意する必要がある。すなわち、逓減費だとか準変動費などという場合に、非比例費と考えれば問題解決ということがしばしばある。

(＊1)現代においては、変動費の呼称のほうが一般的に用いられている。
(＊2)ラッカー・プランとは、付加価値をもとに賃金の分配率を決める考え方。6章を参照。
(＊3)オペレーションズ・リサーチとは、問題を科学的に解決するための数学モデルのこと。

（＊4）計画を最適化するための数学的方法。
（＊5）生物と機械を統一的に認識し、研究しようとする考え方。

3章

経営の原価と利益

——前向き原価の話——

3・1 いろいろな原価の概念

税務署は、税金を査定するために必要な計算法として、全部原価を採用しているのであるが、だからといって、経営体でそれに従っていたら、とんでもないことになってしまうことは、すでに述べたとおりで、われわれは、経営活動に必要ないろいろな原価の考え方を、その必要性に応じて自由に使いこなせばよいのである。

全部原価の原価概念は、せいぜい製品原価、部門原価、工程原価程度のもので、そのほかに特別原価調査（スペシャル・コスト・スタディ）といって、引き合いの見積りや、新設備の有利性の判定などを行っているくらいのもので、しかも、それらについての欠点は、読者もすでにおわかりのことと思う。

次にあげるのは、ジョエル・ディーンの『経営者のための経済学』の中にある、いろいろな原価概念である。

機会原価対支出原価
未来原価対過去原価
短期原価対長期原価

変動原価対固定原価
追跡可能原価対共通原価
結合製品原価対代替製品原価
現金原価対帳簿原価
帰属原価対会計原価
増分原価対埋没原価
回避可能原価対回避不能原価
管理可能原価対管理不能原価
取替え原価対実際原価

これらの原価概念の詳細については、専門書に譲ることにするが、全部原価のスタティック（静態的）なものに比較して、いかにダイナミック（動態的）な考え方であるかは、大よそのことは、理解していただけるものと思う。

ただ、いちばん先の機会原価については、〝原価概念の革命〟とまでいわれる、非常に重要なものなので、そのアウト・ラインを紹介しておく必要があろう。

3・2 機会原価（Opportunity Cost）とは

仮に、あなたが購買部で電気溶接機を買ったとしよう。定価七〇、〇〇〇円のものを六五、〇〇〇円に値切って買うと、あなたは〝五、〇〇〇円もうけた〟と思うであろう。ところが、その後で別の業者がきて、「うちでお求めになれば六三、〇〇〇円でしたのに」といわれたら、今度は〝しまった、二、〇〇〇円損した〟とくやしがることだろう。

このように、

〝資源（材料、労働、設備など）について、ある一つの方法をとり、他の方法を捨てた場合に、失われる利益を貨幣価値で表わしたもの（アメリカ会計学会―A・A・Aの定義）〟を「機会損失」というのである。

六三、〇〇〇円で電気溶接機を買えるチャンスをのがして、二、〇〇〇円損したときに、この二、〇〇〇円を機会損失というのであって、この損失意識が大切なのである。従来の原価観念では、必ず〝現実に費した金額〟が原価だと考えられていたのだが、このように、もうけるチャンスが原価だというのである。

これが革命といわれるゆえんなのだ。タンス預金をしていれば、銀行預金に対して利子を損するだろう。この利子が機会損失なのである。

「当工場の設備はすでに減価償却を終わって、タダ同然である。このロハの設備を使って仕事をしているから、もうけが多い」なんていうのは、もっともそうに聞えるが、機会原価意識ゼロなのだ。新鋭機を購入して、ロハの機械はポンコツにしたら、現在以上の収益が得られるとしたならば、その差額は機会損失なのである。

本書の《1章》にある〝駄鶏淘汰〟の項で、もしB製品のみを造ることが可能であるとした場合に、それをやらなかったとしたら、二三〇円もうけるチャンスをのがして、一三〇円しかもうけなかったのだから、「機会損失は一〇〇円である」ということになる。従来の原価概念では一三〇円の利益であるのに、機会原価の概念では一〇〇円の損失であるというのである。あなたが経営者であるならば、どちらの見解をとられるだろうか。

その他、1章にあげたいろいろの例で、何が機会損失であるかを研究してみていただきたい。

同じく総資本一億円の会社で、同一期間にA社は一、〇〇〇万円もうけ、B社は三、〇〇〇万円もうけたら、A社の機会損失は二、〇〇〇万円であり、〝一、〇〇〇万円もうけた〟と安心しているわけにはいかないのである。

経営というものは、収益を上げるために、あらゆる方法を比較検討しなければならず、もしあなたの選んだ方法が、他の方法に比較して収益が少なければ、たとえ会計的には利益が出ていても、実は損失を出しているのである。

この方法というのは、会計的な方法だけをさしているのではなく、教育訓練や人間関係、見学や視察、調査研究、その他あらゆる方法を含んだものである、ということを忘れてはならないと思う。

3・3 あてにならぬ利益率
―現在未来分離会計という考え方―

〔本項は、畠山芳雄氏が雑誌「近代経営」（ダイヤモンド社）の昭和三六年二月号に発表した、「優秀会社の条件」という論文の要旨を軸にしたものである〕

最近、経営はますますむずかしくなってきた。その原因は、畠山芳雄氏の著書『会社はなぜつぶれるか』に説かれているように、原料革命や技術革新のテンポがますます速くなり、反対に、企業がある決定を下してから、その結果が経営の実体に反映するタイムラグが大きくなる一方であるということだ。同氏のいう〝決定的瞬間〟は、中小企業といえども決して例外ではないのである。

現代の経営者は、成否もわからぬ将来の問題と取り組んで、これに会社の将来を託しているのであって、技術者の増員、新技術の導入、新製品の研究といった問題も、その結果は何年も先でなければその良否はわからないのである。したがって、現在の優秀会社は、現在優秀であるのではなくて、〝過去において優秀であった〟ということなのであり、現在優秀であるかどうかは、未来に表われるわけである。

会社を評価する場合に、問題は〝現在および将来優秀〟であるかどうかであって、〝過去において優秀〟であったということは、あてにならないわけだ。

以上の観点から、利益率というものを眺めてみると、それは、〝過去の優秀さ〟しか示していないところに根本的な欠陥があるのだ。その上、さらに大きな問題をはらんでいる。これについて、同氏の所説をそのまま引用してみよう。


『いまここに、A社B社の二社があり、ともに売上高が一〇〇億円であるとしよう。業種も同じ、製品構成もだいたい似ておりながら、A社の利益は五億円、B社の利益は二億円である。

従来の見方からすれば、少なくともA社はB社よりも優秀な経営であるという見方が成立するだろう。

しかし、これが問題なのである。

この結果をもたらした売上原価、一般管理費・販売費は、それぞれ「現在の事業のための支出」と「将来の事業のための支出」（いわば投資的支出）を、ともに含んでいる。

将来支出イコール資本的支出という単純な見方は、経営の変ぼうによってもはや通用しなくなっており、各費目を詳細に検討すれば、売上原価にはＩＥ強化や生産合理化の投資的支出が、一般管理費・販売費には研究費、マーケティング費用、社内教育費などの投資的支出が、営業外費用には、これまた借入利息の形をとった投資的支出が含まれている。

しかも、その額の実質的大きさは、この種の経費処理される投資的支出の区分表示がないために、一般に認識され難いが、驚くべき巨額に達しているのが実態なのである。

ここで前述のB社は、研究費、PR費、技術者維持費、教育費などに八億円の金をかけ、A社は技術者もなく研究やマーケットにも金をかけず、ひたすらに現在事業からの利益をむさぼり食っているとしたらどうであろうか。

	A社	B社
売上高	100億円	100億円
現事業支出	94	90
現事業利益	6	10
投資的支出	1	8
純利益	5億円	2億円

A社は二重の意味で、B社に劣った存在である。

まず正味の現在事業の生産性でB社におよばない。これは過去の決定と行動において、すでにA社が劣っていたことを意味する。

さらに、将来の成長と発展において、どれだけの格差が両社間に生ずるかは、想像に難くないであろう。

純利益なる概念は、技術革新、消費革命による経営実体の急激な変化によって、まことにナンセンスな存在と化した。

これを基にした資本利益率や売上高利益率を後生大事に守り、経営計画や業績評価において、利益率が強調されることは、まさに近代経営七不思議の最たるものといってもよいであろう。

A社型の経営には、さらに重大な問題がある。

それは投資的支出を抑制して、過大の利益（B社に比べれば）を計上し、結果的に自己資本の社外流出に極力つとめている格好だからである。もともと構造的にB社に劣っているうえ、さらに資産内容を悪化させる経営を続けているわけである。

数年前、高収益と財務構成の優秀さをうたわれていた某中堅製薬会社の経営が問題になったことがあった。

この会社は毎期高額の利益をあげ、流動比率は三〇〇％に近く、蓄積も厚い会社であったが、ホルモンの原料革命に乗りおくれ、さらに新種ホルモンへの進出が遅れたため、業績にこれが影響しはじめたのである。

これは、現在事業の利益をつぎつぎと投資的支出に回すことを怠り、もっぱら「ため込み主義」で内部留保を大きくすることに専念した結果の産物であった。

すぐれた流通機構を長年自力で築きあげ、現在では他社の追随を許さない独自の強力な販売網を持っている某化粧品会社の方針は、利益を売上高に対する一定パーセントに抑え、期中のコントロールによって、これ以上の利益は、すべてマーケティングにおける新たな試みや研究費、生産合理化費用などに使い切ってしまうということである。

この会社は、積立金その他の形での業績はある程度にとどめ、むしろマーケットや工場、研究所、人などに内部蓄積を行ってゆく主義である。

蓄積の概念も、すでに変わりつつある。

これからの成長発展の決定要因は、その企業の持つマーケット、技術陣、工場、人的経営能力などに蓄積された潜在的エネルギーであって、このボルテージがどれだけ高められているかが、「優秀会社」の程度を示す最大の指標といえよう。

現代の企業会計は、以上の二つの意味において、企業経営の実体から遊離した存在になっている。経営分析、経営計画、予算統制など、管理会計面における問題はもとよりであるが、株主報告、金融機関の行う企業の評価、税務などあらゆる面において根本的再検討が必要であろう』

前節で、総資本一億円の二つの会社が、それぞれ一、〇〇〇万円と三、〇〇〇万円の利益をあげた場合に、一、〇〇〇万円の利益をあげた会社は、二、〇〇〇万円の機会損失をした、という説明も、概念の解説の都合上、単に利益という表現をしているが、実は、現在未来分離会計の概念からいうとおかしいのであって、この一、〇〇〇万円と三、〇〇〇万円が、それぞれ現事業利益である場合に、真の意味の機会損益という考え方ができるのである。

コスト・ダウンということも、現事業の費用について適用するのが本当であって、現事業費も未来事業費もいっしょくたにして、〝安上がり〟にするというのは間違っているのである。

真の意味のコスト・ダウンは、現事業費にのみ適用するのが本当であり、コスト・ダウンの目的は、いかにして多くの未来事業費を生み出すかにあるのである。未来事業費こそ、会社を存続させ、発展させる原動力であるからだ。

もちろん、未来事業費は多いだけが能ではなく、効果的な使用、畠山氏のいうボルテージの高さが必要なのはいわずと知れたことであり、そして、その最も大切な使途として、〝人材養成費〟があげられる。これはもはや〝経費〟ではなく〝投資〟であって、しかも、最も有利な投資といえよう。ここにも一つの考え方の革命がある。

3・4 実戦的財務分析

《2章》で財務分析のカラクリを説明し、また本章でこれまで、現在未来分離会計の考え方を述べてきたが、だからといって従来の財務分析が全然無意味だというのではなく、こうしたことを心得た上で財務分析をしなければならないということなのである。

しかし、学者先生の財務分析はあまりにも学問的であり、知識を得ることには役だつが、実戦にはいささか不向きである。学者先生のように、単に知識だけ売っていければ食っていける結構なお身分ならば、それでもいいだろうが、実務者はそうはいかず、病状を的確に判断し、誤りない手を打つための、簡明直截な素人向きの方法がほしいのである。

では、その素人向きのやり方と考え方はどのようなものであろうか。それをこれから説明してみたいと思う。

病状は必ず傾向で判断すること

絶対値の大小は、極言すればどうでもよいのであり、比率の値それ自体も本質的な問題ではない。要はそれらの値がどのような傾向をとっているかということなのである。現在の数値そのものは悪くとも、傾向としてよいほうに向かっているのならば心配はいらず、反対に数値はよくても、それが頭打ちであったり、下がり傾向であれば大問題なのだ。

この、傾向でみるという態度こそ本当であり、これ以外の見方はないのであるが、これを強調した本は少ない。「傾向をみて、危険にならないように注意する」くらいで軽くかたづけるのは、まだよいほうで、全然ふれていない本もあり、それが〝実務指導書〟なのだから恐れ入ってしまう。

傾向でみるのであるから、ただ一期だけの財務分析では意味がなく、どうしても三年分くらいは必要であろう。そして、

1. 各期ごとに必要な比率をだす（断面データ）。

2. 費目ごとに各期の指数をだす（時系列データ）。

というやり方をし、これではじめて傾向がつかめるのである。

大より小に入ること

ものには順序があるもので、財務分析とて例外ではない。ところが、「これこれの順序でやりなさい、その理由はこうこうだ」ということを教えてくれる本が、これまた少ないのだ。本によって順序はまちまち、どれが本当やらわからず、迷いながら読んでいくと、終わりのほうに〝比率の重要度〟とかいう、意味のわかるようなわからぬようなものが出てくる。

われわれに必要なのは、そのような概念的な比率の重要度ではなく、〝うちの会社の問題点〟なのである。「それは会社によって違う、それを財務分析によって発見するのだ」といわれれば一応はもっともだが、個々の比率を順序不同に分析してみたところで、本当の問題点がズバリつかめるとはかぎらない。やはり、正しい順序をふんで分析してゆくほうが、楽にしかも確実に問題点を発見できよう。その順序が〝大より小に入る〟ということなのであって、どのような状況であろうと、これは変わらない。

まず、全体をみて病状の有無を知り、その病根はどのへんなのかの見当をつけ、さらに細分してその所在をつきとめる。と、こう書けばあたりまえすぎるのに、なぜこのあたりまえのやり方を教えてくれないのだろうか。だから、われわれの苦労は絶えないのであって、本当にわれわれ実務家の身になって心配してくれる人がもっともっとほしいものである。

以上二つのことを頭に入れていただいた上で、次に述べる財務分析のやり方に従って、あなたの会社の問題点を見つけ出してもらいたい。

むろん、これが最善の方法でもなく、またあらゆる財務上の問題点がもれなく判明するというものではないが、これから問題発見の考え方をくみ取っていただきたいと思う。

1. 売上高に対する金利および手形割引料はいくらか

何をおいても、まっ先にやってみる必要があるのがこれである。というのは、経営上のあらゆる不手ぎわは、結局は〝金欠病〟となることはおわかりのことと思う。これを乗り切るために借金をし、利子がふえるということになるから、病状を総体的にとらえるにはこれが最も手っ取り早く、しかも確実なのである。経済学者や銀行で重視する負債比率（負債÷自己資本×一〇〇）の上昇も、結局は利子負担の増加となるのである。

これを三年間について調べ、病状を判定するのだ。判定の基準は、〈表29〉のとおりである。

表 29　病状判定基準

	工場	商社
健康型	3%	1%
現状維持型	5	3
縮小均衡型	7	5
倒産型	10	7

〔注〕『経営の赤信号』（田辺昇一著）より

あなたの会社は三年間に何型から何型になっているだろうか。このまま進めば何型になるだろうか。

実に端的で、明快な指標である。もし、悪化のキザシがあれば一大事で、借入れ形態の改善をはからねばならぬことはもちろん、根本的には、その根源を突き止めて治療しなければならない。そこで、それを突き止めるために、次のような分析を行えばよい。

2. 総資本利益率はどうか

さきに、「あてにならぬ利益率」といったのは、これをうのみにして企業の優劣判定をしては危険である、ということを意味しているのである。

未来事業に力を入れるといっても、そこには会社としての当然な限度があり、会社存続のための一定率以上の総資本利益率は、ぜひとも確保しなければならないのである。逆説的になるが、未来事業費の限度を知る上にも、総資本利益率の分析は必要なのだ。

総資本というのは、会社で利用している資本の合計、すなわち資本金や積立金などの自己資本と借入金や支払手形、買掛金などの他人資本の合計で、貸借対照表の右側——資本負債合計——と思えばいいのである。

会社の利用している総資本はいくらなのか、それに対していくらもうけなければならないか、を知らないとするならば、経営者としては落第であるといわれても、しかたがないだろう。計算のやり方は、

$$\text{総資本利益率} = \frac{\text{純利益}}{\text{総資本}}$$

である。占部都美氏の著書『危ない会社』（光文社刊）によると、最低六％は必要であるとなっている。

あなたの会社の三年間の推移は、どのような傾向をたどっているだろうか。もし、悪化の傾向がみえるなら、その原因を突き止めなければならないだろう。それを突き止めるためには、まず次式をご覧願おう。

$$\text{総資本利益率} = \frac{\text{純利益}}{\text{総資本}} = \frac{\text{純利益}}{\text{売上高}} \times \frac{\text{売上高}}{\text{総資本}} = \text{売上利益率} \times \text{総資本回転率}$$

という関係式になるが、総資本利益率の低下は、売上利益率が落ちたためか、総資本回転率が低くなったためか、を突き止める必要がある。〈表30〉のような一覧表にしてみると、比較対照して傾向をみるのに便利であろう。

売上利益率に問題があるのなら、さらにその内容を掘り下げ、回転率が下がっているのなら、これに影響をおよぼす要因を調べてみることが必要である。

表30 **第X期〜第Z期 総資本利益率表**

比率	第X期	第Y期	第Z期
総資本利益率 $= \frac{純利益}{総資本}$	$\frac{××××}{××××}$ ≒ ××%	$\frac{××××}{××××}$ ≒ ××%	$\frac{××××}{××××}$ ≒ ××%
売上利益率 $= \frac{純利益}{売上高}$	$\frac{××××}{××××}$ ≒ ××	$\frac{××××}{××××}$ ≒ ××	$\frac{××××}{××××}$ ≒ ××
総資本回転率 $= \frac{売上高}{総資本}$	$\frac{××××}{××××}$ ≒ ××	$\frac{××××}{××××}$ ≒ ××	$\frac{××××}{××××}$ ≒ ××

3. 売上利益率に問題があれば

ダイレクト・コスティングのやり方に従って、費用を分解してみる〈表31〉。この表の記入法は、各期の費目該当欄の分子に金額を記入し、分母は売上高を一〇〇%とした場合の比率を書き入れ、指数欄は、この表の最初の期の費用を一〇〇とした場合の各期の指数を記入する。

この表で、まず注目しなければならないのは売上高の指数である。これが年間一〇%以上の伸びでなければ頭打ちとみるべきで、固定費の増加割合より低いようなことがあれば大問題である。売上高の伸び悩みは売上利益率低下のまず第一の原因であって、固定費は毎年上がるとも下がることはないのであるから、売上が伸びなければ固定費をまかなう限界利益を上げることはできなくなる。

次には売上高および限界利益に対する各費用の増加傾向をみて、比例費高か固定費高かを判定するのである。特

表 31　第X期～第Z期 費用分解表

	第X期		第Y期		第Z期	
①売上高	××××円	指数 100	××××円	指数 ××	××××円	指数 ××
	100%		100		100	
②比例費	××××	100	××××	××	××××	××
	××		××		××	
③(①－②) 限界利益	××××	100	××××	××	××××	××
	××		××		××	
④固定費	××××	100	××××	××	××××	××
	××		××		××	
⑤(③－④) 純利益	××××	100	××××	××	××××	××
	××		××		××	

に比例費率が売上高の七〇%をこえたら、このような商品はもはや寿命がきているのだから、捨て去ることを真剣に考えなければならない。いや、七〇%をこえることを、傾向から事前に発見して手を打つのが本当なので、捨て去らないならば、これを七〇%以下にするために必死の努力を傾けるべきであろう。具体的な方法は次章で述べることにする。

固定費が高い場合には、さらにこれを人件費と経費に分解し、人件費高か経費高かを見きわめ、人件費についてはさらに給料一〇、〇〇〇円当りの限界利益を計算する〈表32〉。

一人当りの限界利益はよく計算されるが、人件費一〇、〇〇〇円当りの限界利益を計算するというのは、筆者の狭い見聞ではラッカーくらいのものだが、一人当りの限界利益は実は財務的にはいくらでもかまわないのであ

表32　第X期～第Z期 固定費分解表

	第X期		第Y期		第Z期	
		指数		指数		指数
限界利益	××××円	100	××××円	××	××××円	××
	100%		100		100	
経費	××××	100	××××	××	××××	××
	××		××		××	
人件費	××××	100	××××	××	××××	××
	××		××		××	
人件費1万円当り限界利益	××××円	100	××××円	××	××××円	××

って、本当にかんじんなのは単位賃金額当りの限界利益なのである。さしあたり、〝賃金生産性〟とでも呼ぶべきであろうか。

さらに限界利益に対する人件費率も注目を要するが、これについては、6章を参照していただきたい。

人件費高ならば、さらに現業部門と管理部門に分けて、限界利益に対する比率と指数をとってみるべきで、こうすれば、非能率は現業部門か管理部門かが判明するのである。そして人件費や経費は、さらに現事業費と未来事業費に分解してみる。単に管理部門の人件費が高いといっても、それは現事業部門の人件費高が恐ろしいのであって、未来事業部門の人件費高は、単に高いというだけで律せられるものではないことは、すでにわかっていただけたことであろう。

このように、大より小に入ることによって、

表 33　第X期～第Z期 回転率表(対売上)

	第X期		第Y期		第Z期	
売上高	××××円	指数 100	××××円	指数 ××	××××円	指数 ××
	回転率　1		1		1	
受取勘定(売掛金+受取手形)	××××円	100	××××円	××	××××円	××
	回転率××		××		××	
棚卸資産(製品+仕掛品+原材料+貯蔵品)	××××円	100	××××円	××	××××円	××
	回転率××		××		××	
固定資産(設備+家屋+車両運搬具)	××××円	100	××××円	××	××××円	××
	回転率××		××		××	

〔注〕棚卸資産はすべてダイレクト・コストである。

問題の所在を早く、しかも楽に見つけ出すことができるのである。

4. 総資本回転率に問題があれば

その原因の主なものは、売上金の回収状況の悪化、棚卸資産の増加、固定資産の増加の三つである。

そこで〈表33〉のような分析表を作ってみる。この分析表の製品と仕掛品はダイレクト・コストで計算するのである。この表をにらめば、回転率を悪くしているものは何であるか、ということが一目瞭然であって、その悪い部分をさらに細分して調べる、というやり方をすればいいのである。

たとえば、受取勘定の回転率が悪くなっているのならば、売掛金と受取手形に分けてみる、売掛金は回収状況表を作成してみる、といったようなぐあいにするのである。

こうして明らかにされた病根は、次に出てくる損益分岐図表による状況判断や、「ABC管理」（4章参照）の考え方と組み合わせて対策の優先順位を決定すればよい。この場合、上から三つだけをとりあげるのであって、あれもこれもと欲を出してもだめである。そして、最優先のものは、最高経営層のうちの一人が対策の責任者となるのであり、場合によっては社長自ら乗り出さなければならないかも知れず、また、このくらい強い決意と行動がなければ、問題は解決しないであろう。

後の二つは部門の責任者に任せるのである。といっても放任してはだめで、具体的目標を示し、計画を立案させ、これを承認した上で任せるのだ。この場合、報告を求めることはいうまでもない。

このように、問題点を見つける、優先順位を決める、実施の段取りをつける、実施する、その結果をみる、という段階を踏むことが大切で、思いつきを実行するのなら、やらないほうがましである。

3・5 損益分岐図表の読み方

損益分岐点は文字どおり、損益の分れ目であるが、その計算として

$$損益分岐点 = \frac{固定費}{1 - \frac{比例費}{売上高}} = \frac{固定費}{1 - 比例費率}$$

という式で表わされるが、さすがの全部原価氏もこれだけは例外なく、固定費と比例費を分離して使っている。しかし、固定費や比例費の説明はしていない場合が多く、筆者はよく、分類を間違ったものにぶつかるのである。それで、やっと正しい分類をし、さらにこれを損益分岐図に表わすと、今度はそれの読み方がわからない、ということになってしまう。

損益分岐点がいくらであるかがわかったら、これ以上の売上を確保するよう努力する、という程度の説明しかしていないのだから無責任なものである。そんな観念的なお説教なんか、バカでないかぎり聞かなくともわかるのであって、大切なことは、損益分岐図表から、どのような具体的方針を打ち出したらいいかを読みとること、すなわち、企業の健康状態を読みとって、治療法を知ることなのである。

その読み方については、田辺昇一氏の著書『経営の赤信号』（東洋経済新報社刊）から教えていただくことにしよう。

一般に知られている損益分岐図表は、〈表34〉のようなものだが、作図で注意しなければならないのは、横軸には必ず操業度一〇〇％（最高売上）をとることである。というのは、損益分岐点が操業度何%のところにあるか、で対策が違うからなのである。

1. 健康型

損益分岐点が操業度の五〇%以下の場合をいう。収益性はきわめてよく、自由に活動できる状態であり、したがって何の後顧の憂いなく、売上の増加に専念すればよいのである。こうした状態のときに、売上増加に力を入れず、やたらにコスト・ダウンをねらうのは間違っているのである。コスト・ダウンが必ずしも最良の策ではない。

2. 病弱型

損益分岐点が六〇~七〇%の場合をいう。この段階では売上を増加するだけでは足りず、どうしても比例費の切下げをやらなければならない。その具体的対策としては、

(a) 設計変更による材料費の低下
(b) 新製品による材料費率の低減
(c) 生産方式の改良、作業訓練などによる歩留りの向上

表34 損益分岐図表

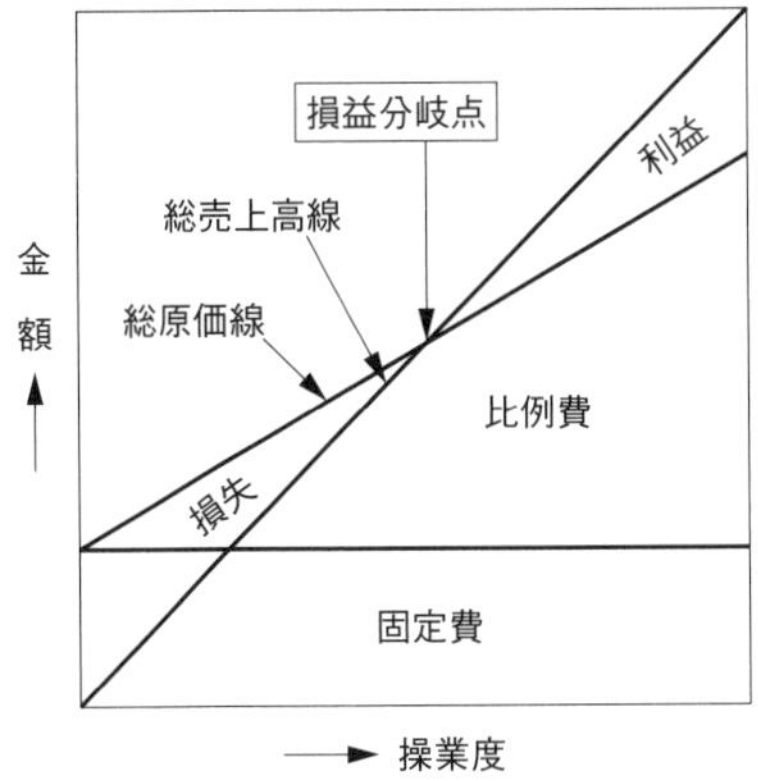

（d） 荷造、運搬費の節減
（e） くず、廃液などの活用

などに積極的な手を打つ必要がある。

3. 重態型

損益分岐点が操業度の八〇％以上の場合をいう。好況と不況を平均して考えると八〇％操業が普通であろう。ということは、八〇％操業度では永遠に黒字が出ないということである。

こうした状態では、売上増加を望むのはむずかしく、ほんのちょっとしたことから赤字を生み、その尻ぬぐいに借金をして金利負担を増加させ、これが

固定費増→損益分岐点の上昇→赤字増加

という悪循環を起こし、倒産にバク進する危険がきわめて大きいのである。

こうした病状の治療には、損益分岐点の切下げが急務で、そのための重点は固定費の節減にあり、バン勇をふるうことが絶対に必要なのだ。具体策としては、

（a） 未稼動設備の処分
（b） 稼動率の向上
（c） 在庫圧縮
（d） 工程管理合理化による仕掛品の減少
（e） 組織の簡素化

（f）借入形式の改善による金利の低減

などがあげられる。

このようなことのひとつひとつに、思い切った手を打たなければならない場合に、最も効果のあるのは、その衝にある人を代えることであろう。情においては忍びなくとも、「泣いて馬《ば》謖《しょく》を切る」の気概が会社を救うことになる。グズグズしていると、本当に人員整理の大手術をしなければならなくなってしまう。

表35　限界利益図表

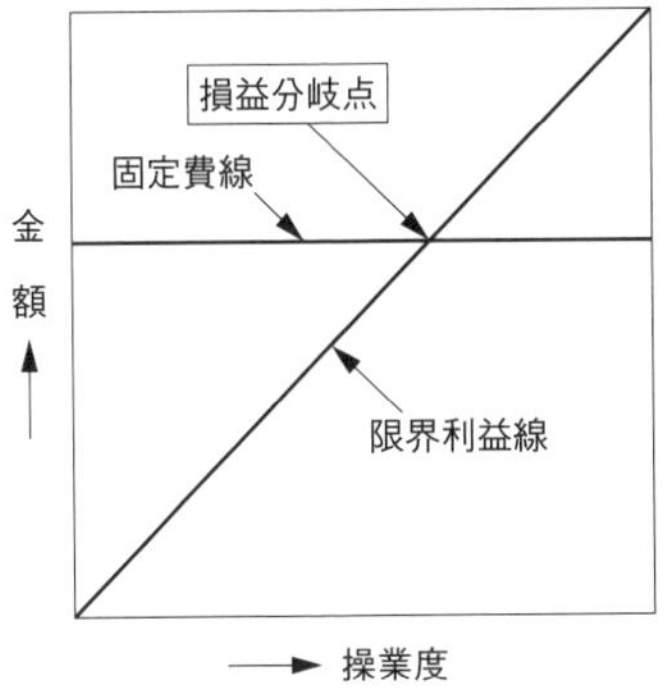

損益分岐点

$$= \frac{固定費}{\frac{限界利益}{売上高}} = \frac{固定費}{限界利益率}$$

3・6　限界利益図表

ダイレクト・コスティングでは、損益図表に相当する限界利益図表がある。〈表35〉がそれで、横軸に操業度一〇〇％を、縦軸に操業度一〇〇％のときの限界利益金額をとり、限界利益線は左下から右上に引かれる対角線となり、固定費線との交点が損益分岐点となるのである。

また、読み方は損益図表と同じである。

この限界利益図表は、いろいろと応用範囲が広くて、便利である。一例をあげると、操業度を一カ月の期間に置き替えて、売上限界利益の累計を書き込んでいけば、その結果は、そのまま概略の月次損益計算書となってしまう。すなわち、やっかいな計算制度のお世話にならなくともよいわけである。中小企業においては、この方式はきわめて便利で、あらかじめ、標準固定費と型式別標準比例費とを決めておけば、だれにでも簡単に計算し、記入することができよう。

標準比例費率を決めておいて、売上金額にこの率をかけて比例費を算出する方法もよいのであるが、売価がいろいろに変わる場合の多い中小企業では、このやり方ではダメで、そのものズバリ、限界利益金額でゆくのが実際的であるといえよう。

また固定費を発生的に把握して、その累計を記入してみるとか、人件費を対応させてみるとか、目的によって種々のやり方を試みるのもよい方法であろう。

3・7 利益計画表と売上計画表

利益というものは、〝計算してみたらこれだけあった〟というのではなくて、〝これだけの利益をあげる〟という経営者の意思（利益計画）によって生み出すものである。利益計画こそ、経営計画の中でも最も大切なものの一つであるといえる。その一般的な手順は、

1. 配当率
2. 借入金返済額
3. 社内留保金額
4. その他必要な引当金

などをまず決定し、これに従って必要利益計算書〈表36〉を作成するのである。これだけの利益をあげるために、いくらの限界利益と売上をあげたらよいかを計算するには、〈表37〉の〝必要限界利益および売上計算書〟の一例をご覧いただければわかるであろう。

これで目標ができたわけであるが、さあこれからが問題だ。この目標と、現状のままで何も新しい手を打たなかった場合の〝推定限界利益と売上計算書〟との比較をするのである。そこで当然のこととして、そこに差額（不足額）が生じてくるが、この不足額をどうやって埋めるか、ということが課題であり、〝新しい手〟を打つことによって実現をはかるのである。これが〝前向き〟の考え方なのである。

これの方策としては、現状について、

1. 限界利益の絶対額をふやす。
　（a）売上の増加
　（b）比例費率の低下
2. 限界利益中に占める固定費を下げる。

ということが考えられる。そして、その重点の発見は損益分岐図表により、また重点を発見し

表 36　必要利益計算書

1.　利益金処分		
配当金（年1割5分）	150万円	
役員賞与	20 〃	170万円
2.　社内留保		
借入金返済（月10万円）	120 〃	
社内留保金	30 〃	150 〃
3.　税引正味利益		320 〃
4.　税額 $\left(\text{正味利益} \times \frac{0.6}{0.4}\right)$		480 〃
5.　利益		800 〃
6.　各種引当金計上予定額		120 〃
7.　必要利益		920 〃

表 37　必要限界利益および売上計算書

必要利益		920万円
固定費		
人件費	1,200万円	
経費	800 〃	2,000 〃
必要限界利益		2,920 〃
必要売上（売上限界利益率30%）	$2{,}920\text{万円} \times \frac{100}{30} \fallingdotseq 9{,}730\text{万円}$	

たならば、それによって具体的にどの費目をどれだけ増減するかを決めるべきであって、さらに、この具体的目標を実現するための、細部実施計画をたてるのである。

この細部実施計画に従って、いよいよ活動開始をするのである。

販売増強については、販売関係の専門書に譲って、次章において、比例費と固定費の節減について述べることにしたいと思う。

4章

経営の費用節減

——実際活動の話——

4・1 原価管理とは

われわれは、原価管理というコトバを気安く使っているが、いったい原価管理とはどういうことなのであろうか。原価切下げとどんな関係があるのだろうか。まず、この点からはっきりさせておきたいと思う。というのは、このへんの考え方に、いろいろの混乱があるからである。

原価管理に対する代表的な考え方に二通りある。その一つは、〝原価を維持する〟という考え方で、もう一つは、〝原価を切下げる〟という考え方である。どちらの考え方が正しいのであろうか。

この解答を出すには、〝原価〟はしばらくおいて、〝管理〟とはどういうことか、をまずはっきりさせておく必要があるようだ。

管理に対する最も一般的な考え方は

1. Plan　計画する
2. Do　実施する
3. Control　統制する（ControlのかわりにCheckまたはSeeという人もある）

ということである。

○計画する

計画というのは、〝将来のことを今決める〟ということであって、この〝今決める〟というところが大切である。〝予想する〟のならば、当ろうとはずれようと、いっこうに差支えないが、〝今決めてしまう〟のだから、そのとおりやるのがあたりまえで、計画以上も以下も、意味しないのである。〝計画以上やった〟とか、〝計画の九〇％実現できたらよい〟というような考え方はおかしい。………筆者は考え方をいっているのだ。

○実施する

実施とは、やることではなくて、〝やらせる〟ことなのである。管理者は、部下に計画を実施させるのであって、自分でやることではない。〝陣頭指揮〟などといって、部下の仕事を奪い自分でやってしまう管理者を見かけるが、これでは部下は仕事をしたくともできず、単なるロボットになってしまうだろう。こういうのを〝陣頭に立って指揮せず〟というが、自分でやって指揮ができるはずがないのである。管理者の仕事は

計画をたてる
計画を知らせる

ことがまず第一である。計画をたてることはたてても、これを知らせない管理者もいるが、部下

にやらせるためには、はじめによく、計画を部下や関係部門に知らせることが必要である。そして部下にやらせる。次に管理者のやらなければならないのが統制である。

○統制する

統制というのは、計画と実績との差を計画に近づけることである。それにはまず、計画と実績との差をとらえることであり、次にその差を詰めるためのアクション（対策）をとることだ。これが管理者の日常業務の最も大切な部分であって、管理者が自分で仕事をしたら、この統制ができないことになってしまう。管理者本来の任務である統制を忘れ、実施ばかりしているのでは、それは管理者とはいえないのである。

計画と実施との差、つまり計画からはずれた部分を例外といい、管理者の仕事は、この例外を処理することなのであって、これを〝例外管理〟というのである。

以上をまとめると、

〝管理とは計画通りやらせること〟

ということになる。

〝管理とはロスの減少をはかることである〟ということもいわれるが、このロスとは、計画に対するロスであり、これの減少をはかるということは統制をするということである。ロスというのは、機会損失のことを意味する。言い替えると、〝機会損失の減少をはかることを管理という〟ことになるであろう。

このように、管理とは計画通り、すなわち計画を維持することであって、計画以上やることではない。そこで、原価管理とは、計画された原価を維持することであって、原価を下げることではないのである。「それはおかしい。原価は下げるべきもので、原価管理を行って原価を維持するというのでは意味がない」と思われる読者もおられることだろうが、原価管理と原価切下げは密接不離の関係はあっても、別のものなのである。

例をあげて説明しよう。

電車の運行管理を考えてみる。まずダイヤを組み（計画）、これに従って運行するが、ラッシュ・アワーなどで遅れ（計画と実施との差）を生じると、「この電車は五分遅れておりますので、お早くご乗車願います」というようなアナウンスをして、その差をつめる対策（統制）を行っている。事故などは、重大な例外であって、あらゆる手段を講じて復旧活動を行うことになる。ところで、電車を計画どおり走らせるあらゆる努力はするが、計画以上に速く走らせる努力はしないだろう。もし、ダイヤを無視して、できるだけ速く電車を運行することに努力したら、どうなるだろうか。ダイヤはメチャメチャ、事故続出と大混乱に陥ることは、火をみるよりも明らかである。電車はダイヤよりも速く走らせても、遅れてもいけない、〝ダイヤを守る〟ことが大切なのである。

電車のスピード・アップは、ダイヤそのものを速くしたものに切り替え、そのとおり運行するのであって、運行管理とスピード・アップは、別のものであることはおわかりいただけただろうか。

原価管理も管理である以上全く同じ考え方、すなわち原価を維持することであって、切下げることではない、という考え方でよいのである。原価を切下げたいのなら、まず計画原価そのものを引下げて、そのとおりやることなのである。

生産管理というのは、計画どおり生産することであって、計画以上生産することではない。だから、「来月は忙しくなるから、今月は計画以上にやっておく」などとはオカシイ話であって、来月忙しくなって、今月増産しておく必要があるのなら、生産計画そのものをそのように組んで、そのとおり実施すればよいのである。

4・2　計画とは本来ムチャなもの

「計画」ということについて、講習会などでよく教わるのだが、〝具備すべき条件〟とかなんとかいって、

○実現可能なものでなければならない、○現実的なものでなければならない、○ムリがあってはならない、○納得のいくものでなくてはならない。

などということをいわれているが、これは全然間違いであって、こうした考え方では進歩はな

い。

いったい、現実的だとか、ムリがないとかという根拠はなんだろうか。それは〝従来の実績〟からみてそうであるということにすぎないのである。従来の実績からみて、ムリでないような実行可能なものならば、なにも計画とかなんとかいって、人騒がせなことをせず、放っておいても実現可能である。果してこれでよいのだろうか。

計画の根拠は、従来の実績ではなくて、〝経営上の要請〟が根拠なのである。お客のムリな要求、競争入札でどうしても落札したい、利益計画など、もろもろのものがあるが、すべては〝生きるため〟の至上命令であって、科学的な、あるいは常識的な根拠は何もないのである。

当然のこととして、計画とは机上論であり、ムリであり、不合理なものであり、納得のいかないものなのである。従来の常識からは考えられない、ムチャなものをムチャでないものに変革し、不合理なものを合理的なものに変質させるということこそ、われわれの仕事なのであって、この〝変質させる〟ということが仕事の本質であり、経営なのである。こうした革新のみが会社を存続させ、発展させる原動力なのだ。

実例を一つあげよう。

本田技研で、二気筒のエンジンを設計したときの話である。社長がこの計画を発表したときに、「そんなムチャな、コストが高くついて売り物にならない」という声が圧倒的だったという。

そのとき社長は、「単気筒と同じ価格で造ってみせる」という、従来の常識からみたら全くムチャな目標を決めて、自分で一つ一つ障害を打ち破り、とうとう実現させてしまったのである。社長の計画は、従来の実績からかけ離れていたというだけで、ムチャでも、机上の空論でもなかったのである。

もし、この本田社長の一見ムチャな計画がなかったならば、独創的な二気筒エンジンは生れなかったであろう。

原価切下げも考え方は全く同じで、まず目標（計画）を決め、これの実現に努力することが大切である。この目標は、過去の実績や常識とは、本質的に無関係なのである。

4・3 コスト・ダウンの戦略と戦術

原価切下げ活動には、二通りある。その一つは〝戦略的原価切下げ〟であり、もう一つは〝戦術的原価切下げ〟であって、〝孫子〟に従えば、「敵を見ずして敵を制するを戦略といい、敵を見て敵を制するを戦術という」ことになる。すなわち、戦略的コスト・ダウンは、経営構造を変革することによるコスト・ダウンであり、また自然に高収益があがるような経営態勢をつくり上げることだろう。

その具体的項目としては、プロダクト・ミックス（製品混成）、工場設備の近代化、技術的基礎の養成、簡潔強力な社内組織の確立、勤労意欲向上策、販売ルートの合理化、資金調達方法の改善などであろう。

本書では、戦略的コスト・ダウンについては、このへんで切上げることにするが、戦略は企業活動の基本となるものであるから、経営者は、会社のおかれている立場と自己の信念から、どのような戦略をとるべきかを、慎重かつ勇敢に打ち出してもらいたいと思う。戦術的コスト・ダウンとは、戦略によって打ち出されたものを基礎として、原単位の切下げ、経費節減、各種管理方式の合理化などを行う継続的な日常活動であって、この戦術的コスト・ダウンについて以下述べてみたいと思うのである。

コスト・ダウンの場合には、先に述べたとおり常に〝これだけ下げる〟という計画をたて、実現に努力し、達成したらさらに〝これだけ〟というステップを踏むことが大切で、〝できるだけ下げる〟というのでは、いくら下がっても下がらなくても、「これでできるだけ下げたのだ」という結果になってしまう。

〝できるだけ〟主義でなく〝これだけ〟主義でいくのが本当であって、〝これだけ〟のくり返しが〝できるだけ〟になるのである。

4・4 比例費の切下げ

ＡＢＣ分析をしてみるまでもなく、比例費はどの会社でも、コストの最も大きな部分を占めており、したがって、コスト・ダウンの最重点になるのである。これを忘れて、経費の節減をまっ先に打ち出し、鉛筆の節約や、水道使用量の節約などを盛んに呼びかけても、労多くして効少なし、下の下策である。こんなことに浮身をやつして、大きな機会損失を招いている実例をよく見かける。経費などは気持として節約する程度にし、精力はあくまでも、まず比例費に集中すべきである。

コスト・ダウンの効果を、大きな順にあげてみると、

1. 設計の段階で安く
2. 不良損耗品の減少
3. 買入単価を安く
4. その他の比例費の節約

となるであろう。

4・5 設計で安く

コスト・ダウンの最重点は設計で、いかに安いものを設計するかにある。コストの大部分は材料費と工賃であり、これを基本的に決めてしまうものが設計だからである。設計でいったん

決まってしまったものは、いくら努力してもその効果は知れたものだ。

だいたいにおいて、日本の設計屋さんは、生産活動の現実をよく知らないし、また関心も薄いようだ。関心はもっぱら性能や強度やデザインに集中してしまう傾向が強いが、これでは困る。「金のことを考えたら設計できない」というのは認識不足である。設計のための調査や研究に、このようなことをいうのなら、まだうなずけるが、いやしくも企業体における場合は、設計された品物はあくまでも引き合うものでなければならないのが最低の要件であり、積極的に企業の業績に寄与するものであるべきだ。コストのことを考えないでいい設計は、兵器以外にはないことを、よく考えるべきであろう。

設計屋さんの共通的な技術的欠点として

1. 市場の状況に暗い。たとえばＪＩＳに規定されているものと市場性は全然違うものであることを知らない。
2. 材料の寸法や特性をよくつかんでいない。その結果、歩留りが悪かったり、高級すぎたりする。
3. 加工の現実に弱い。そのために、現場で加工に苦労し、当然のこととして工費高になる。

などがあげられ、彼らには、ぜひ以上のようなことを勉強してもらわなければならないが、それにはＩＥの素養を身につけてもらうのが最も早道であろう。現場の経験をさせるのも結構だが、それに加えて、ＩＥの勉強をさせるのがよいだろう。これによって、現実そのものを分析的に、科学的に認識すると同時に、総合的な考え方や経済的な関心を身につけさせることができる。

とはいっても、それは今日すぐ役だつものではないから、将来への布石として考え、当面の問題をなんとかしなければならない。これの解決法について、一つの実例を紹介してみよう。

――『現代の経営』続編より――

『IBM社の第二の革新的政策も、ごく偶然の機会から発展した。数年前、新型の電子計算機の最初の一台が考案されつつあった時のことである。需要が早くから余りにも大きなものであったために、(あるいは設計が予期以上に手間どったためであったかもしれないが)、設計がまだ完成しないうちに、その生産にとりかからねばならなくなってしまった。そこで止むなく、最終的な部分は、生産現場において設計技師と職長と労働者が協力して設計を完成させた。ところがその結果、すぐれたデザインの製品ができあがり、生産の技術的過程も改善されたばかりか、「低コストで迅速に」という要求まで満たされるようになった。さらにはまた、製品の設計に参与した労働者は、ヨリ良く、ヨリ生産的に仕事を遂行するようになった。それ以後この経験は、IBM社が新しい製品を生産するか、ないしは現在の製品に大きな変化を加える時にはいつも適用されている。すなわち、ある機械の設計が完了する前に、生産の担当者となる職長はその企画に加わる。職長はデザインの最終的な部分を引受けて、技術者や直接生産にあたる労働者と一緒に仕事をするのである。つまり職長とその下にいる労働者は、専門技術者の援助を得て実際の生産計画をたて、個々の仕事をきめるようにする。これまでのところ、この方法は、どの仕事に応用されても、製品のデザイン、生産費、生産速度、労働者の満足といった点で、常に最初に得られたような成果をあげてきたのである』

筆者の知っている某社でも、この方法に切り替えて非常な成果をあげているところがある。このやり方は、衆知を集めるということ以上に、多くの人に計画に参画するという誇りを与える点に、大きな意義のあることがおわかりと思う。

数年前に輸入された、バリュー・エンジニアリング（Value Engineering-VE：価値技術といわれるもの）は以上のような考え方と基本的に一致する。

VEの要点は

1. 製品または部品の機能（ハタラキ）をよく分析し、
2. その機能を満足させるための

より安い資材

より少ない資材

より少ない加工

をねらいとして、購買・外注・資材・設計・製造関係の人々が知恵を出し合うという、全社的な活動態勢をいうのである。これは別に新しいことではなく、日本だって個々にはこうした活動は多くみられるが、これを組織化したのがVEである。VEでは購買部門が主導権をとるということだが、これはどの部門でもかまわず、要は実質的に主導権と熱意をもった部門、または人が中心になればいいのである。

4・6 試作設計についての考え方

新製品または新型の設計は、コスト・ダウンの絶好のチャンスである。このチャンスを最も有効に利用する一つの考え方を述べてみよう。

だいたいにおいて、設計屋さんは設計で大事をとりすぎるようだ。ぶっつけ本番の個別生産ならば、やり直しがきかないから大事をとるということはうなずけるが、多量生産にまでこの考え方を及ぼすのは間違っている。

多量生産では何回でもシナリオ（設計）を書きかえることができるし、リハーサル（テスト）をくり返すことも自由なのに、なぜ始めから大事をとるのだろうか。試作は一回しかやらず、そのまま量産に移すのなら、それは試作でなくて見本である。

こうした考え方では、コスト・ダウンに大きな成果を期待することはできないのであって、コスト・ダウンをするには、まず従来の常識を破ること。前掲の本田技研の例のように。

まず、第一に苛酷な材料費（一台分）予算を決めることだ。常識では考えられない、ムチャな目標である。そして、それを達成するための設計を真剣になって考えるのであるが、この場合、大事をとる必要はない。いやむしろ、大事をとってはいけないのである。とても目標達成はできないだろう。

1. 思い切って安い材料を
2. 〃 小形に
3. 〃 薄く(リブの活用)
4. 〃 簡単に
5. 〃 外装を粗に

従来の常識を破って

するのである。そして必ず材料費を計算しては設計をやり直し、目標価格の実現をはかるべきで、設計屋さんに任せっぱなしにせずに、会社の全知能をあげて手分けして考えるのである。会社の将来の収益を基本的に決めてしまうものを、設計部門に任せっきりという話はなかろう。二〇年も三〇年も昔の計算式なんかをあてにしないことだ。

また、安全率なんか無視し、外観なども後回しにし、あらゆる点を考えてコスト・ダウン一本ヤリでいく。そして目標材料費を達成したら、そこで試作をし、その現物についてテストを行い、弱いところ、または足りない部分を補うと同時に、なお節約できる個所をウの目タカの目で探すのである。こうしたやり方をすれば、どこもかしこも必要にして十分な機能と強度をもち、ムダのない製品ができるであろう。

大事をとった設計では、強すぎる点、ムダな個所がわからないのである。

4・7 検査基準を明確に

検査員は〝検査もれ〟を非常に恐れ、検査済みの品物に問題が起こることを極端に警戒する。その結果、必要以上に検査を厳重にするようになる。

筆者がかつて経験したことであるが、塗装不良品の不良個所が、筆者が見たのではどうしても見つからないのだ。検査員に質問したところ、タメツ、スガメツの末、この部分だと示された個所を、よくよくみると、〝そう言われれば、そんな気もする〟程度のものだったのである。このように、検査員が熟練してくると、検査員以外にはわからぬ、しかも性能にも商品価値にも、全然影響のないような欠点までも見つけ出して、不合格にしてしまうのである。

だから、検査基準は明確に、具体的に、なるべく主観の入らぬように決めておくべきで、ABC管理の原則に従って、価格の高いもの、不良率の多いものから重点的に決めてゆくことである。もし、不良が多かったり、不良率のバラツキの多いものは、加工法だけでなく、検査基準、検査法そのものが必要以上に厳しくないかを調べてみる必要がある。こうした場合に、必ず不良の現物についても調べることが大切だ。机上論にならないために………。

厳しすぎる検査によるコスト・アップが、バカにならないことを忘れてはならないだろう。

4・8 不良損耗の減少

関心が強いようでいて、その実は弱いのがこの問題である。特に中小企業ではその実態がつかみにくいので、ピンとこないのであって、なかば宿命的とあきらめている。これに対する努力が足りない。

とにかく、どういう方法でも結構だから、不良品の実態調査をしてみることで、その結果きっと、意外に多額なのに驚かれるに違いない。そして、その驚きの印象の強いところで、不良品撲滅の対策を強力に打ち出してもらいたい。

この不良品撲滅は、単にコスト・ダウンだけでなく、品質向上に通じるのである。品質を向上させようとしても、なかなか成果はあがりにくいもので、その上ヘタをするとコスト・アップを招来するおそれさえある。それよりも、不良品をなくすことに力を注いだほうが、実際には品質向上のスピードが速いものなのである。

ジェネラル・エレクトリック社では〇・六%の不良が出ると工場の全作業を中止して、その原因を探求し、それを除去するまでは生産を再開しない、という規定があったということだ。この厳しい態度は、学ぶべきだとは思わないだろうか。

4・9 管理機構と手続の簡素化

筆者が、ある会社の重役から聞いた、嘆息まじりの述懐を次に紹介してみよう。

「経営の近代化を進め、体質を改善するために、工程管理、外注管理、品質管理といろいろな管理手法を導入してきたが、そのたびに間接人員が増加する。増加しても一人当りの生産高が増加するならいいが、それがはっきりとつかめない。そこで原価管理の必要性を痛感して原価管理制度を採用したいが、これが果して経営にプラスになるかどうか、それがわからない」という要旨なのである。こうした悩みをもっている幹部の人達も、相当多いのではないかと思われる。

企業の近代化のための各種管理手法の導入は絶対に必要であり、そのこと自体まことに結構だが、とかく管理技術それ自体の高度化ばかり進むという結果になり、経営には少しもプラスにならない、ということになる危険性が大いにあろう。こうなったら本末顛倒である。管理手法というものはあくまでも〝経営のための手段〟であって〝目的〟ではないのだ。経営体の中のあらゆる活動は、経営目的そのものに役だつものでなければ、ないほうがいいのである。これについて、『現代の経営』の登場を願おう。

――『現代の経営』より――

『米国の代表的な会社の一社長は、次のような自己の経験を語った。十五年前、会社のために彼はロスアンゼルスにある小さな独立した工場を買取った。その工場は年間二十五万ドルの利益をあげていたため、それだけの値打があるものとして買われたのである。その際その所有者――工場の経営責任者として現在も残っている――と一緒に工場をみて歩きながら社長は、

「あなたのところでは価格をどうして決めていたのですか」と質問した。その所有者の答は、

「それは簡単です。あなたのところの品より一パーセントだけ安くしておくのです」というのだった。

ついで「それでは原価計算はどうしているのですか」という質問に対しては、

「それも簡単です。われわれは材料と労働にいくら払うか。またそれだけ金を使って採算があうようにするためには、どれだけの生産をすればよいかを知っていますから」と答えた。最後の、

「営業費をどう統制していますか」との質問には、

「うちでは別に何の統制もしてはいません」と答えた。

そこで社長は、この工場で徹底的な統制を採用すれば、きっと多額の金をうかすことができるに違いないと考えた。しかし一年後には、その工場の利益は十二万五千ドルに落ちてしまった。販売高も価格も同じであったが、複雑な手続を採用したために、それだけ利益が食い潰されてしまったのである。

事業は、現在用いている報告と手続が必要なものかどうかを定期的に検討しなければならない。少

なくとも五年に一度は、すべての様式に関して、それらを残しておくべきかどうかを検討することは必要なことである。

報告その他の様式の煩雑性によってその存続をおびやかされているある公益会社を再建するため、私はかつて根本的な改革を勧告せねばならない立場に立ったことがある。私は全部の報告を二カ月間一せいに止めて業務を行ってみた後、経営担当者がなおも要求する報告だけを、再び用いるよう提案した。これによって会社の報告その他の様式類は、四分の一に減った。このように、報告と手続は、主要領域における活動上必要なものにのみしぼられなければならない。全ての活動を統制しようとすれば、結局は何も統制がきかなくなる。見当はずれの統制を行えば、必ず誤った結果が生れてしまうものである』

このように、経費そのものの節約よりも先に、機構手続の簡素化を行うべきである。節約するよりも、省くことを考えるのが先で、省けないものについてはじめて節約を考えるのである。

4・10 不用意な経費節約は禁物

S社で経費節約を行ったときの話である。費目別に過去の実績を調査し、その平均値を出して、一年後にその三〇%を節約するという目標をたてて実施に移った。

徹底してやる方針だったので、統制可能費は全部とりあげたのであるが、その中にクレンザーもあった。このクレンザーに問題が起こったのである。統制前よりぐっと使用量がふえて、たちまちのうちに割り当てを使い切ってしまうのである。そして倉庫に要求すると、倉庫では、割り当てがないから出せないというのだ。「統制しようとなにしようと、いるものはいるんだ」と現場では主張する。しまいには、「オレ達には手も洗わせないつもりか、こき使うだけこき使いやがって」とばかり、いささかおだやかでなくなってきたのである。

その原因は、「オレ達の使うわずかなものまで統制しやがって、もっと大きなムダがゴロゴロしているじゃないか、そちらを節約するほうが先だ、かまうことはない、使え使え！」という現場人の反感だったのである。このような場合、指導する人は、指導される側からは、一挙手一投足を見られていることを忘れてはならないと思う。不用意に無差別統制をした場合に、このような事態を招きやすいものである。

何度もくり返すが、経費のＡＢＣ分析をすれば一目瞭然、人件費以外はごくわずかなパーセンテージしか占めていない。

節約しようとする努力そのものは結構だが、努力のみを尊しとする浪花節的感覚だけでは困る。経営というものは、努力の大小でなくて成果の大小なのであって、同じ努力ならば、成果の大きなものほどよいという、平凡な真理を忘れないことが大切だと思う。

4・11 清潔・整とん

コスト・ダウンだけでなく、経営体内におけるあらゆる活動の前提条件の一つとして、「清潔・整とん」がある。これがないと、いかなる合理化活動も徒労に終わるかも知れない。これは、だれしも知りながら、行われがたいものの最右翼に位置し、特に、中小企業においてむずかしいのが実際の姿ではないだろうか。クズ物置場然とした工場に、色あせてやぶれた「清潔・整とん」のはり紙とは、マンガにもならない。

清潔・整とんの行われがたい理由には、二つあると思う。第一には、経営者の認識不足、第二には清潔・整とんとは何かを知らないことである。

第一の経営者の認識不足についてだが、これは経営者自身に、清潔・整とんが品質、原価、安全、モラールにいかに大きな影響をおよぼすか、を自覚していただくよりほかにないだろう。

ドラッカー氏の言を次に引用しよう。

——『現代の経営』続編より——

『労働者の勤労意欲を昂揚するもっとも重要な手段の一つは、ちり一つ見当らないまでに作業場を清潔に保つことだといわれている。これらの活動は、経営者がつねに労働者の仕事を真剣に考慮しているることの一つの証拠となるばかりでない。経営者がみずからに課している〈基準〉、さらに経営者の善意や能力といったものを労働者に示すものとなるのである』

これほど、清潔・整とんは重要なものだということであるが、ここでひとつ、読者に考えていただきたいことがある。それは、清潔・整とんは勤務時間内にやらせるべきか、作業時間終了後にやらせるべきかということで、どちらが経営にとってプラスになるかということである。筆者の見解は、重要な事がらであるならば貴重な勤務時間を充当すべきであって、勤務時間外にやらせるということはとりもなおさず、〝重要ではない〟という意志表示である、ということだ。

第二の清潔・整とんの意味は、いったいどういうことなのだろうか。

○清潔とは

1. いらない物を捨てる
2. いる物を捨てない

ということなのであって、単に、きれいにするということではないのである。いらない物は、いくらきれいに手入れしておいても、それは清潔とはいえない。いらない物は捨てることだ。

また、まだ使える物を捨ててしまうのも清潔ではない。人体に例えれば、いらない物を取っておくのは便秘であり、いる物を捨てるのが下痢である。会社の中から下痢と便秘をなくする、これが会社の健康管理なのである。

○整とんとは

1. 物の置き所を決める
2. 物の置き方を決める

ことだ。〝かたづける〟ことではないのであって、かたづけてしまっては仕事にならないのである。

ところで、物の置き場所を決めるには、どのような考え方をするかというと、それは、〝仕事に最も便利な場所〟に決めるということで、置き方を決めるには、〝必要な物を手早く取り出せる〟ように置くのである。

以上が、清潔・整とんについての考え方であるが、これを実施するときに何をおいてもやらなければならないのは、〝今使っていない物は、材料であれ、道具であれ、設備であれ、いっさい取り除く〟ということで、いらないものを除くのである。何かに使うかも知れない、いつか使うかも知れないといって、そのままにしておくことは厳禁である。作業場は作業をする所であって、倉庫ではないのである。

とにかく、これらのものを一カ所に集めて下さい。それだけで、現場の様子がまるで違ってしまい、その中で働く従業員への影響は驚くほど大きなものがあるだろう。集めた物の処置は、関係者が集って決めるのである。修理、保管、廃棄など。この際、保管と決まった物は、問違ってももとのところへ返してはならず、別に保管場所を決めねばならない。

4・12 人件費をどう考えるか

この章で、種々の費用について述べてきたが、最後に人件費が残った。

いかなる経営者も、人件費を安くあげることに心を砕かない人はいないが、これをどのように考えたらよいのだろうか。だれでも考えられる最も素朴な考えは、安い賃金ということであるが、安い賃金は必ずしも安い原価とはかぎらず、むしろ、安い賃金は勤労意欲を減退させて、逆に原価高を招く危険のほうが多いだろう。

往々にして、従業員は少しばかり技能を身につけると、賃金のよい会社にくらがえしてしまう。いわゆる会社の〝技能養成所化〟を招く。これでは会社の発展も夢である。要は〝安い賃金〟ではなくて、〝安い工費〟なのであって、これを実現させるのは、労働生産性の向上以外にはないだろう。

生産性を高めること、すなわちより多くの生産価値（限界利益）を生み出すことこそ経営者の使命であり、企業がその存在を許されるのも、生産価値を生み出すからなのである。決して利潤を生み出すからではない。そこにあるものは、原価を安くして利益をふやそうというような古い概念ではなく、生産性を増大させることによって会社を発展させ、社会に貢献するという積極的な前向きの考え方なのである。

生産性向上は、人間の努力なくしては達成できない。だから、人件費は単なる費用ではなく、人間の努力に対する報酬なのであり、したがって成果に比例して支払うことこそ道徳的に正しく、かつ結果においては大きなコスト・ダウンとなるものである。これについては、「6章 経営の成果分配」のところで、もう一度触れることにしよう。

5章

経営の人間管理

——経営センター制度の話——

5・1 人的資源

経営体においては、〝経済的成果〟を達成することをまず第一に考えなければならないだろう（経済的成果というのは利益ではなく、限界利益のことである）。これは、いかなる経済機構においても、厳としてゆるぎない原則である。その経済的成果を達するものこそ人であり、人以外にこれを行うことはできないのは自明の理であるのに、われわれはこれに対する考え方と具体策になんと乏しい知識しか持ち合わせていないのであろうか。これについて、またドラッカー氏にご登場を願って、見解を聞いてみよう。

――『現代の経営』より――　（文中の、の個所は筆者が付したもの）

『経済的成果をあげるためには、企業の存在が前提とされる。従って経営者の第二の機能は、人間および物的資源から生産的な企業をつくりあげることである。具体的にいえば、それは、経営担当者（筆者注……ドラッカー氏のいう経営担当者とは、事業の諸機能を担当する責任と権限をもつ人々を指しており、社長から職長に至る広範な層が含まれている）を管理する機能である。

定義によれば、企業は、それを構成している全資源より、ヨリ多量のないしヨリ良質の財を生産することができなければならない。つまりそれは、投入量よりも大きい産出量を産み出すという意味で、単なる各構成単位の合計より量的に大きい——ないし、少くともそれとは質的に異った——有機的な全体でなければならないのである。

従って企業は、各資源を機械的に結合しただけのものではない。資源を結合して一つの企業とするためには、一定の資本をもととして資源をただ論理的に配列すればそれでよいというのではない。たしかに十九世紀の経済学者達はこう信じていたし、現在でも書斉にこもる経済学者のうちには、こんな現実離れした考え方を継承している者も少くない。だが必要なことは、資源を変質させることである。しかもこの変質は資本のごとき生命のないものによって行うことはできない。ここに、これらの諸資源を結合し、変質せしめるものとして、経営担当者が必要となってくる。

一のものを二にも三にも拡大して利用することのできる〈資源〉は、明らかに人的資源——人間の能力——のみである。その他の資源はすべて機械的な法則に従っている。つまり、利用の程度は異なれ、ともかく投入量以上のものを産み出すことは期待できない。そこで人間以外の資源を結合する場合には、常に産出の際の不可避的な消耗を最少にすることを心がけるに越したことはない。ところが、われわれが利用できる資源のうちで、たえず成長と発展を期待できる唯一のものは、人間の能力のみである。中世の政治学者サー・ジョン・フォルテスキューが〈人々の意志〉と呼んだもの、つまり自由意志をもった人間の、指導され、統合された努力によってはじめて、単なる構成単位の寄せ集めとは異る本当の意味の〈全体〉を産みだすことができる。単なる部分の寄せ集め以上の全体をつくることは、プラトンの昔から、実に〈理想社会〉の定義とされてきたものである。

われわれが人間の成長とか発展を問題にする場合には、自分でなしうることを自分で決定する人間の能力を前提としている。ところがわれわれは、一般従業員を経営担当職員から区別して、彼らをあたかも、あらゆる仕事に関する決定に関与させることもできなければ、何の責任も与えることもできず、たんに上の人の指導で働かせるほかない者であるときめてかかっている。このことは、われわれが一般従業員を他の物的資源と同様に見なし、企業に対する寄与に関する限り、彼らを力学的法則の下に立つものと考えていることを意味する。これは重大な誤りである。しかも、誤りは、一般従業員の仕事に関する定義そのもののうちにあるのではなく、一般従業員の職務が結局は経営者の職務と同じであって、もしそのように取扱われるならば、もっと生産的なものになりうるという事実を見落していることのうちにある。しかしながらこういったからといって、経営にとって、経営担当者の管理がとくに重要であるという事実には変りはない。

—中略—

経営担当者を正しく管理することは、彼らの能力を最大限に発揮させることによって、もろもろの資源を、ヨリ生産的にすることを意味する』

このようにドラッカー氏は、〝管理者〟すなわち、単に人と仕事を管理する責任者という考え方を排して、〝経営を担当する人〟という概念を導入している。読者は、これが本当であるとは思わないだろうか。そして、その経営担当者の能力を最大限に発揮させることこそ最も大切なことだといっているのである。

この観点から、従来の原価管理制度をみると、人的資源の活用のためのなんらの考慮も払われていないことがわかると思う。それは、

1. 単なる費用の計算にしかすぎず、人間の活動によってどれだけの成果をあげたか、ということが全然わからない。すなわち、努力の成果としての〝生産性〟が測定できない。
2. 費用そのものさえも〝割掛け主義〟のために、真実の姿を把握することが不可能である。
3. 会社存続のための、未来費用（未来事業費）の考え方が全然ない。

この三つの致命的欠陥のために、経営にはなんの役にもたたない、いや逆に害毒を流すものとなっているのである。では、どのようにしたら人的資源を最大限に活用し、資源を変質させ、生産性向上を実現させることができるだろうか。

まず必要なのは〝動機づけ〟であり、そのためには、

1. 経営担当者が企業に貢献するため、自らの目標を定め、これを実施し、統制することができるものであり、これによって、経営担当者の成長が期待できるものであること。
2. 企業に対する貢献度、すなわち努力の成果が総合的、具体的につかめるものであり、かつその方法が正しく、簡潔でわかりやすいものであること。
3. 成果に応じた報酬が得られること。

であると思う。そして、そのような環境を制度として作りあげる必要があるだろう。

その試みの一つとして、ここに登場するのが、日本能率協会の中島誉富氏の提唱する〝マネ

ジメント・センター・システム――MCS〟(『経営の畑つくり マネジメント・センターのはなし～マネジメント・ライブラリーシリーズ』白桃書房刊)である。本書にあげるのは、このMCSを筆者が某社で実施してみた経験を加味して、中小企業向きに改造したもので、便宜上〝経営センター制度〟と呼ぶことにしよう。

5・2 経営センター制度とは

中島誉富氏の言によると、

「会社の中に一人でも多くの経営意識を強く意識する人々をつくるために、従来の管理とか監督者という考え方から、経営担当者という考え方にまで発展させ、自己の割り当てられた業務を通じて全体経営目標に合致させて、自らの部門を経営するという考えになるような環境を制度として設定するものである」というのである。〝各部門は一つの経営体である〟という考え方だ。したがって、当然のこととして各経営体には収入と支出があり、その収支計算によって各部門の成果を測定し、企業への貢献の度合を知ることができるような仕組みにする必要があろう。そして、その収入と支出を、月次決算とか年次決算の形をとって貢献度を把握してゆくのである。

この制度は、経理的な損益計算ではなく、成果の測定だから、金額でみずに〝傾向でみる〟のであって、ここが大切である。というのは、企業体で問題にしなければならないのは、金額の絶対値そのものではなく、上昇傾向の大小であるからだ。たとえ絶対値は大きくとも上昇傾向が鈍ければ問題であり、絶対値は小さくとも上昇傾向が大きければ心配はいらないのである。

このような制度と評価法を通じて、各経営担当者は、経営の目標に合わせて自らの目標を設定し、これの実現のために、自ら革新を行い、自己部門の業績をあげることによって、経営全体の業績向上に寄与すべきであろう。

5・3 成果の計算法

ここにあげるやり方は、社内の手続や帳票類が完備していない小企業でもできるようにくふうしてある。

社内伝票の完備しているところならば、もっと精度の高いものも得られようが、精度の高いことが必ずしもよいとはかぎらない。精度を高くするために、手続を不用意に増加して、原価高になっては本末顚倒である。このやり方では、先に説明したように〝傾向でみる〟のであるから、同一基準で計算したものならば、基準そのものの誤差は打ち消されて、傾向としては正しいものを示してくれるから心配はないのである。

また業績評価であるから、経理的に表わすことのできない費用、たとえば〝遅延補償〟〝不良手直品補償〟〝創意くふう料〟などの考え方をとり入れてある。減価償却費なども税法によらず、経営の必要上からの計算を行う。

次に、具体的に計上する収支についての考え方を説明しよう。

○収入の部

1. 売上金またはサービス料

営業センターは実際売上金額、製造センターは営業センターへ売るというたてまえをとってその売上高、その他の部門は後に説明する方法に従って、製造センターより、その限界利益に対する所定のパーセンテージをサービス料として受け取ることにする。

2. 創意くふう料

創意くふうをすれば、当然そのセンターの業績があがるが、特にこれを奨励する意味で、別に規定を作って報賞金を出し、これをそのセンターの収入とする。これは一件一回かぎりである。報賞金は多いほど効果があるのはいうまでもない。提案制度のように個人を対象とするのも結構だが、このようにグループにも出すようにすると、チームとして努力し、協力するという空気をつくるのに効果があるだろう。

3. 他部門よりの補償金

遅延補償などである。受注不足補償などを設けるのも一方法と思われる。

○支出の部

1. 比例費

完全比例費は文句なしとして、電力料のように固定部分のあるものでも、その全部を比例費として扱えばよいのであり、あまりキメを細かくすると、めんどうになる。

記入する数字は、実際消費金額ではなくて、実際購入金額とする。こうすれば、倉庫も社内伝票も何もなくともかまわない。その上、売上高と材料購入費との比率をみれば、材料在庫の増減が一目でわかるという利点がある。

2. 給料・賃金

役員を除いて全部とする。ボーナスなどについては、その支給月に一括計上するか、引当金として毎月計上し、支給月に精算するかは実情によって決めてもらいたい。

3. 減価償却費

設備使用料と次期設備更新のための、償却費の合計である。経理的な償却費は税法上のものであって、実際には次期更新の時期はもっと早く、価格も高くなっているのが普通だから、その費用を見積って一定の基準を決める。当然のこととして、税法上の償却費よりも相当多額になるが、めんどうでも個々の設備について決めること。その理由は次節で述べることにする。

4. 材料・仕掛品の金利

材料・仕掛品が毎月つかめるような制度があれば、これに金利をかける。この場合には、仕掛品であっても、ダイレクト・コスト的に購入時の価格とする。つかめない場合には、むりに行う必要はないだろう。

5. 遅延補償費

センターの責任による遅れは、次のセンターに補償する。材料が遅れれば購買センターは製造センターに補償しなければならず、製品の完成が遅れたら、営業センターは製造センターから補償金を取る。得意先への納期遅れは、実際にお客に補償すると否とにかかわらず、補償をするという計算を行う。これをやらないと、営業センターはムリな納期を要求し、製造センターから補償金を取り立てるという、不当利益を得ようとするのである。だから、補償金は後工程になるほどやや重くしておくと、推進力が大きくなる。

実際にこれを決める場合には、論議も多かろうと思うが、生産計画に遅れた場合は、次のセンターの状況には関係なく遅れとみなすとか、部品一点につき価格の大小を問わず〝一日いくら〟とかいう簡単な決め方をするのでなければ、計算がややっこしくなってくる。

6. 不良返品補償

こうしたものは、無償手直しさせるだけでなく、その責任センターから、製品価格の二倍とか三倍とかを補償させる。思い切って高くするのである。

7. 災害補償費

保全取り扱いや作業法の不良など、管理上の欠陥による設備の損壊、キズなどについては、目の玉の飛び出るような補償をとる。

8. 受注不足補償

仕事がなくて、現場が実際に遊んだときに、営業部門が現場に対して支払う。また、理由のはっきりしない返品に対しても同様である。

その他、作業者の融通による、労力提供、借用というような収支項目を設定するのもよいだろうし、運賃とか事務用品費などで、特に算入したほうがよいと思われる費目を選定する場合もあるものと思われる。

○計上してはいけない費用

1. 未来費用

前に述べた未来費用は、会社の将来の運命を左右するものであるから、各部門の日常活動とは切離して、会社全体としての計画に基づいて使用を考えるべきであろう。

2. レイアウト変更費、増改築費

これらは、未来費用の一種と考えられる。

3. 定期的点検修理・交換費

これらを支出に計上すると実施をいやがり、その結果災害や故障の原因となってくる。

4. 安全・衛生費

会社全体として計画し、実施すべき性質のものである。

5. 交際・接待費

これの取り扱いは注意を要する。野放しでも困るが、といって、これを支出に計上すると、必要なものまで渋ることになりがちだから、会社のおかれている立場から、これをどのように統制するかは別に考えるほうが無難であろう。

5・4 収支計算の意味

経営の業績をあげるには、〝入るを計って出ずるを制する〟ことが大切であるが、これは目先の収支でなく、長期的な観点から考えることが必要であるということを前置きとして、経営センターの収支計算を考えてみよう。

この制度では、営業センターのやたらな値引きは直ちに業績にひびく。買い値が一定だからである。また、その他のセンターでは、自己の収入を増加するためには、製造センターの限界利益を増加する以外に道はないので、製造センターに協力することになる。

支出のほうでも、材料費の節約や不良率の減少はもちろん、工具や消耗品まで大切に使わなければ、支出は減らせない。

少ない人員で多くの仕事をするためには、教育訓練に力を入れて、個人の能力の向上をはからなければならず、作業改善やレイアウトの変更など従来とかく抵抗の多いことも、逆に積極化しなければならない。また、不必要な人員は支出をふやすことになるから、やたらと増員の要求をしなくなる。

減価償却費をとられるとなると、不要な機械や低能率機械は放出したほうが有利なので、こうしたものの〝かかえ込み〟はしなくなる。したがって、各センターから不要を表明された人員や設備は、会社で管理するというたてまえをとればよい。

仕掛品を極力減らして、金利負担を軽くしなければならず、遅延補償をとられるとなると、工程管理をうまく行わなければならない。

材料は五日遅れたが、完成は三日遅れで済ませたとなると、その差の二日分の遅延補償が努力の報酬となるわけである。

納期に対する考え方が切実になって、お客の信用が増加する。

安全や設備保全に注意しないと、多額の支出増加を招来する。すべて、努力すれば業績があがり、どんな不手ぎわも支出増加の原因となる仕掛けだ。

よいことづくしで薬の効能書きのようであるが、ねらいがそこにあることは、わかっていただけるものと思う。このねらいを実現させるためには、この制度をつくっただけではダメで、次項に述べる事がらが、絶対に必要となってくるのである。

5・5 仏つくったら魂を

ここでいう魂とは、〝成果に応じた昇進と報酬〟ということである。これがなければ、この制度も無用の存在であり、そのねらいを実現させることは困難である。成果をあげた経営担当者は、それだけの能力があるのだから、さらに昇進させて、上級の仕事をさせるべきであろう。また反対に、成果をあげられない経営担当者は、自分で反省をするだろうし、あるいはその業務が不適当だったかも知れないから、配置転換をして適職をみつける機会を与えるのもよいだろう。

昇進させるということは、会社にとって重要な人であるということの具体的表現であり、この重要感こそ人間の最も渇望するものであることは、D・カーネギーの名著『人を動かす』で強調されているとおりであろう。昇進こそ、人間管理の最も重要なポイントの一つである。

次に報酬の問題だが、これも成果に応じて得られてこそ働きがいがあり、これがなければ、だれも働かなくなることはいうまでもない。これについては、次章〝成果分配〟のところで述べることにしよう。

この制度を作るときには、以上の点をはっきりと宣言し、しかも確実に実行することが、この制度の成否の分れ目であるといえよう。

5・6 各センターの収支計算

経営センターの設置

それぞれ自分の会社の実態に従って、最も適当と思われる単位で経営センターをつくる。小さなところでは、事務所と現場、もう少し大きなところでは、総務・購買・製造・営業くらいに分けてはどうだろう。組織のできているところなら、始めは〝課単位〟くらいのところから出発するのがよいように思われる。細かくしたいときは、課を分けて〝係単位〟とし、係が集まって課となり、課が集まって部となるというように、縦の方向への発展となるわけである。

収支の決定

まず、過去数カ月から一年くらいの収支実績を調べてみる。試算表があればそのまま利用できる。

第一に、会社の総限界利益の計算をする。

第二に、その限界利益が先に決定した経営センター別に、どれだけ消費されたかを計算する。この際、先に述べた、計算してはいけない費用を省くことを忘れないでもらいたい。各センターの消費金額のパーセンテージが収支計算の際の収入計算の基礎になるのである。

営業センターの収支

収入は、実際の純売上金額と製造部門からの遅延補償費であり、また支出は、まず製造センターからの製品仕入金額を売上から引いて限界利益を算出し、これからさらに人件費、経費、お客に対する遅延補償費などを引いたものだ。製品仕入金額は、前に作成した収支の実績表から、純売上に対する営業センターの消費したパーセンテージを出し、純売上からこのパーセント分だけ引いたものを製品仕入単価（製造センターの売上単価）とするのである。この計算法を、前年の収支にあてはめると、営業センターの損益はゼロとなる。以下各センターの計算も、前年収支にあてはめれば、損益ゼロとなるように決めるのである。

この製品仕入価格は、対外価格が正式に変わった場合以外に変えてはならない。これは基準が狂うからであるが、しかし対外価格が正式に変わった場合には変えるべきであろう。激しい生存競争で、値下げはやむを得ない場合があるし、このときは会社全体で覚悟を新たにして、この苦しさを負担すべきである。

営業センターの収支計算は、〈表38〉の要領で行うのがよいだろう。

製造センターの収支

収入は、営業センターへの製品売上高と、購買外注センターよりの遅延補償であり、支出はまず比例費を引いて総限界利益を出し、次に未来費をこの中から差引いてしまう。すなわち、ここで一括天引きしてしまうのである。さらに他センターに支払うサービス料を差引いて、製造

表 38 **X月営業センター収支計算書**

	費目	当月	累計
①収入	1. 総売上高	××××××	××××××
	返品 (−)	(−) ××××	(−) ×××××
	値引 (−)	(−) ××××	(−) ×××××
	2. 純売上高	××××××	××××××
	3. 遅延補償	×××××	×××××
	計	××××××	××××××
②比例費	1. 製品仕入高	××××××	××××××
	2. 遅延補償	××××	××××
	計	××××××	××××××
③限界利益	①−②	××××××	××××××
④固定費	1. 給料	×××××	×××××
	2. ボーナス	××××	××××
	3. 旅費交通費	×××××	×××××
	4. その他	××××	××××
	計	×××××	×××××
⑤損益	③−④	××××	××××

表 39　X月製造センター収支計算書

	費目	当月	累計
①収入	1. 製品売上	××××××	××××××
	2. 遅延補償	×××××	×××××
	3. ………………	×××××	×××××
	4. ………………	××××	××××
	計	××××××	××××××
②比例費	1. 材料費	××××××	××××××
	2. 外注費	×××××	××××××
	3. ………………	××××	×××××
	4. ………………	××××	××××
	計	×××××	×××××××
③	①－② 総限界利益	×××××	××××××
④他センターへ	1. 未来費	×××××	×××××
	2. 他センターへのサービス料		
	………………	××××	××××
	………………	××××	××××
	3. 遅延補償	××××	××××
	計	×××××	×××××
⑤	③－④ 製造限界利益	×××××	×××××
⑥固定費	1. 給料	××××××	××××××
	2. ボーナス	×××××	×××××
	3. 経費	×××××	×××××
	4. ………………	××××	××××
	5. ………………	××××	××××
	6. ………………	××××	××××
	計	××××××	××××××
⑦損益	⑤－⑥	×××××	×××××

表 40　**X月 ○○センター収支計算書**

	費目	当月	累計
①収入	1. サービス料	××××××	××××××
	2. その他	××××	××××
	計	××××××	××××××
②支出	1. 給料	××××××	××××××
	2. ボーナス	×××××	×××××
	3. その他	××××	××××
	計	××××××	××××××
③損益	①-②	××××××	××××××

限界利益（仮称）を出し、最後に自己センターの人件費と経費を引いて損益を算出する。

計算は〈**表39**〉の要領で行うのがよいだろう。

その他のセンターの収支

これらのセンターの収入は、いうまでもなく、製造センターから支払われるサービス料であり、また支出はそれぞれのセンターの固有人件費と経費である。購買・外注センターなどでは、このほかに、遅延補償を製造センターへ支払う場合があるわけで、その計算法は〈**表40**〉のようなものになるだろう。

これらのセンターの収入は、製造センターの限界利益に対するパーセンテージであるから、製造センターの業績をあげることが自己センターの業績をあげることになり、ここに協力態勢を築きあげる〝動機づけ〟が、制度として決められているわけである。

技術部門の収支はどうするか

これはほとんど全部が無形のサービスであり、作業改善やレイアウト変更などの現事業に対するサービスと、新製品研究や教育訓練などの未来事業業務とがある。これらのサービスに対しては、簡単に収入を計算するわけにもいかず、といって製造センターからの限界利益割りでも妥当とはいえない。これらのものに対して、何が何でも収支計算をやるという、杓子定規な考え方はしないほうがよいだろう。しかし、なんらかの基準を決めて、評価を実施してみるという試みもあっていいのではないかと思われる。

5・7 制度の精神

以上述べてきたことは、一つの考え方であって、こうした制度はあくまでも〝経営の方便〟であるということである。だから、この制度に盛られた〝人的資源の活用〟という精神をくみ取ってもらいたいと思う。

表面的には、部門原価計算の修正のような形だが、従来の原価計算制度とは根本的にその精神が違うのである。先に述べたように、この制度は経営担当者自身が経営意識をさらに強め、部門経営を通じて企業の成果に貢献するとともに、自分を高めてゆくことがねらいなのである。

さらに、もう一つのねらいは、新しい人事管理への脱皮を試みているという点である。従来の人事管理は、むしろ〝人事事務管理〟というほうが適切であり、人間関係論になると、個人の心理研究やインフォーマル・グループの観察のようなものが多く、そのいずれにも、経営担当者の管理、すなわち〝経営担当者本来の職務を通じての人事管理〟という面はほとんどなく、人事管理はどこへゆくのか、さっぱりわからないような状態だと思うのは、筆者の思いすごしであろうか。

この行き詰ったかの観のある人事管理を、組織と仕事を通して総合的に管理するというねらいをもったこの制度によって、突破口を開こうとする新しい試みなのである。

6章

経営の成果分配

―ラッカー・プランの話―

6・1 人は自分のために働いている

――『スピードに生きる』(本田宗一郎著：実業之日本社)より――

『私自身にしても、自分が可愛いし、人のために仕事をしているというよりは、自分自身のために仕事をしていることはたしかだ。人間、どのような理由をまことしやかにのべようと、所詮は自分が可愛いことに変わりはない。究極においては、自分のために働くのである。

したがって、私は会社のために働きにくるなどという社員はきらいだ。自分のためにいかに働くかが問題であり、会社のためなどと、――昔の忠君愛国みたいなことをふりまわされるのはいやだ。それが欺瞞行為であることは、本人が一番よく知っているはずである。人はだれでも、自分の生活をエンジョイしたい、自由になりたいということで仕事に精を出すものなのだ。

したがって、一番問題になることは、働きにくる人がほんとうに働きにくる目的を達することができるように、経営者のほうで気をくばってやることが、働きにくる人には一番の励みになるわけで、これが能率の基本だと私は信じている。

――(中略)――

私自身のことをいえば、人間が最も能率をあげるのは、遊ぶときである。このときだけは、どんな人間でも実に能率よく遊ぶものである。理由は、これこそ、真に自分のためだからだ。したがって、仕事の場合にも、滅私奉公などと、人のために働くよりは、自分自身のために働くときが、最高の能率をあげるものだ。

このことを尊重しないと、働く意義が失われてしまう。私たちが教育された時代の「二宮尊徳」みたいになって、タキギを背負って本を読まなければならなくなる』

ここ一〇余年で、町工場から世界一のオートバイ会社をつくりあげた人のコトバである。これこそ、働く人間の気持を本当に表わした名言ではないだろうか。「会社のために働くな、自分のために働け」といわれている会社の社員(本田技研では従業員全員が社員で、これ以外の身分はない)が、伊勢湾台風のときには、社命もないのに自分の貯金を引き出して、本社から、また支店や工場から名古屋へ飛び、お客や下請工場のために働き、会社に感謝が殺到したということである。

「どうしたら従業員が一生懸命に働くか」という問題を解決するカギとして、本田社長の言をよくよく味わってみる必要があるだろう。

〝人は自分のために働く〟ということを、はっきりと認識した上で、勤労意欲を向上させる手を打つべきであろう。

6・2 一方通行の原価引下げ要求

「原価引下げ」を従業員に要望しない経営者はないだろう。当然だ。激化する競争に勝つために新製品を研究する費用をなんとか出さなければならないとか、またPRを強化したい、新鋭設備を入れなければならない、といったもろもろの手を打つためには、どうしても原価を下げなければならない。これが会社の生き残る道であり、さらに発展する基礎を築くことになるからである。だからこそ、明けても暮れても従業員に努力を要求し、能率向上を叫び、経費節約を説き、予算を統制し、血の出るような資金をつぎ込んで新設備を入れてコストの低下をはかるのである。

しかしである。そのような経営者の努力に対して、従業員はどのように反応するだろうか。「そらまたお説教だ。ムダをなくせ、予算を守れ、能率をあげろ、働け働けなおも働け、欠勤するな、サボルやつは会社の敵だ、……というが、その口車に乗って努力したその結果はどうだというのだ。会社のもうけがふえるだけで、おれ達はさっぱりうるおわないじゃないか」

というわけで、労働組合は反対し、個人は無言のレジスタンスをやる。これでは原価切下げ要求も一方通行だ。上意下達、下意不上達で、従業員がやる気にならないのでは、効果のほどは知れたものである。

この原因にはいろいろ考えられようが、賃金体系の欠陥も、最も大きなものの一つである。というのは、努力の成果がどのように従業員に分配されるのか、という点になるとほとんど何の決まりもないのが普通であろう。たとえ、能率給制度があっても、それはあくまでも現場の生産を対象または基準としていて、会社の全従業員の努力に対してではないという不公平なものである。これでは働けない。人は自分のために働いているのだから。ここに、賃金体系だけではない人事管理上の大きな問題があるわけである。

いったい、賃金についてはどのように考えたらいいのだろうか、またどうしたら確固とした基準に従って決定することができ、そして賃金だけでなく人事管理も含めたものとすることができるのであろうか。

6・3 賃金はいくら払ったらいいのか

これはどの経営者にも、ほとんど例外なしに頭の痛い問題のはずである。低ければ従業員に逃げられるし、高くすれば使い切れず、ちょうどよいところはどのへんなのか、よくわからない。とにかく、学歴・年令・勤続・経験年数から適当に決めて、これで賃金を計算したり、少し進んだところでは職務給などを採用しているのが実情であって、こうして計算された賃金を、統計と比べて平均より上だとか下だとかいいながら、安心したり心配したりで、さっぱり自主性がないのである。

さらに、個人賃金の合計が企業の払う〝総賃金〟だという。どうも納得のいかない話である。そのおもな欠点は、

1. 企業の払う総賃金に、経営の立場からみた確固たる根拠がない。
2. 業績に応じた成果の分配がない。仕事の成果に払うのではなく、人や職務に対して払っている。

などであり、これでは経営者の立場からみても、従業員の立場からみてもおかしな話である。もちろん、人や職務に払うことも大切だが、なんといっても、日常業務の成果に対する報酬がないのでは、志気があがらない。

そこで、歩合給、能率給、奨励給など種々なことが考えられてきた。古くはホルシー式、テーラー式から、新しいところでは、スキャンロン・プランに至る多くの方法があり、さらに企業自体でくふうした独自の方法が無数にあるが、いずれも経営者・従業員の双方が納得できる、真に公平なものはなかったのである。どちらか一方がだんだん不利になるようなものは、長い間続けられるものではない。

アレン・W・ラッカー氏によると、(『ラッカー・プラン』今坂朔久編著より)

「報酬というものは、人間関係の道徳的・倫理的法則から経済的裏付けがなされなければならない。すなわち人間は自分達の共同努力の成果に比例して報酬を保証してくれる一貫性のある持続的刺激をもたなければならない』

というのである。こんな理想的な賃金制度が現実にあるものだろうか……。ところがあるのだ。これがラッカー氏の創案になる〝ラッカー・プラン（The Rucker Share of Production Plan）〟である。

このラッカー・プランの基礎は生産価値だが、この生産価値というのは、限界利益のことなのであり、企業自らが生産し、つくり出した価値という意味でラッカー氏自身が、生産価値と名づけたものである。念のためにラッカー氏のいう生産価値の定義をあげると、

「生産価値とは個々の企業の生産物の売上高から、その企業がその生産物を生産するに必要な、外部からの購入原材料、用役などを控除した額」

である。ドラッカー氏の〝寄与価値〟の定義と比べてみてほしい。全く同じであることがわかると思う。ということは、限界利益であるということである。

では、この生産価値すなわち限界利益が、ラッカー・プランではどのような役割を果しているのであろうか。

6・4 コンチネンタル製紙会社

十数年前のこと、アメリカのコンチネンタル製紙会社で、賃上げ争議が行われていた。このとき、これをまとめるためにコンサルタントを招いたのであるが、このコンサルタントがほか

ならぬ、ラッカー氏であったのである。

氏は、会社の資料をいろいろ調べた結果、次のことがわかったのである。

「会社の過去をみると、生産価値に対する賃金率は常に三〇・五％で一定している」

ということである。好況のときも、不況のときも、そして激しい賃金闘争をくり返し多くの犠牲を払って獲得したものも、その結果は常に生産価値の三〇・五％だというのだ。それならば、始めから〝生産価値の三〇・五％を賃金にする〟というように決めておけばよいではないか、という勧告となったわけである。こうしておけば会社も従業員も、もはや成果の分け前について争う必要はなく、取り分を大きくするために、生産価値そのものを大きくする努力をすればよい。こうなってくると、両者の利害は全く一致し、完全な労使協調態勢がつくりあげられる、というのである。

この勧告は、結局両者に受け入れられて、それからは争議はバッタリとあとを絶ち、全社一致協力して生産価値増大に努力したのであった。

いうまでもなく、その結果は目ざましいものがあり、会社の利益増加はもとより、従業員は要求した二倍もの収入が得られ、ともに満足するという、結構なことになったのである。

6・5 世にも不思議な物語 ―賃金率の法則―

ラッカー氏の著書によれば、生産価値に対する賃金率が一定しているのは、コンチネンタル製紙会社だけではなく、全世界を通じて、あらゆる業種業態に共通の法則だというのである。

ラッカー氏は、一八九九〜一九二九年の三〇年間にわたる、アメリカ製造工業統計《センサス》を三年がかりで調べあげた結果、次のことを発見したのである。

――『ラッカー・プラン』(今坂朔久編著)五〜七ページの要約――

1. 賃金率と賃金総額は、生産高とは一定の関係をもって変動していない。
2. 賃金率と賃金総額は、企業の純利益とは一定の関係をもって変動していない。
3. 賃金率ならびに賃金総額は、生産物の総販売価格とは一定の関係をもって変動していない。
4. 賃金総額は生産価値に正比例している。賃金総額は一定パーセンテージの割合で、生産価値に比例して変動している。

全アメリカの約三〇万の製造業者の、三〇年間の実績が以上の事がらを物語っているというのである。しかも、その後の調査によると、今日までこの法則はいささかのゆるぎもみせていないということだ。

〈表41〉は一九一四〜一九五七年のアメリカ製造工業統計に基づいて作成された比率表であるが、これをみると、賃金生産配分率は一貫して三九・三九五％、標準偏差はわずかに±一・六六三％となっている。

これは驚くべきことだ。過去の五〇年間には、大きな経済発展、生産性の飛躍的増大、物価の上昇、技術の大進歩などがあったにもかかわらず、この率は変わらないのだ。それればかりではなく、この期間には二つの世界大戦が含まれており、一九三三年のような世界的大恐慌もあるのだ。それにもかかわらず、この率は変わらないのである。そして、さらに驚くべきことは、世界各国どこの工業統計をとってみても、その国の固有率はあっても、また業種や業態による固有率はあっても、率そのものは一定なのである。日本でも、もちろん例外ではなく、その実証が〈表42〉である。

この分配率は、だれ一人として意識していたものはなく、というより、だれも考えてもみなかったのである。それなのに、五〇年間にわたって、世界各国に例外なく、あらゆる経済情勢、社会情勢の変化を超越して、一定率をもっているというのである。なんと不思議な数字ではなかろうか。今坂氏の言に従えば、「見えざる神の手」によって支配されている、と思わざるを得ないというのも、うなずけることである。

もうこうなれば、一つの法則と考えるほうが妥当で、これを『ラッカーの生産分配の法則』という。

表 41　ラッカー生産分配法則の実証
(1914〜1957年:アメリカ製造工業による)

(単位10億ドル)

年次	生産価値	総賃金	賃金分配率
1914	(ドル) 9.386	3.782	40.29%
1919	23.842	9.664	40.53
1921	17.253	7.451	43.19
1923	24.569	10.149	41.31
1925	25.668	9.980	38.88
1927	26.325	10.099	38.36
1929	28.719	10.885	37.90
1931	17.462	6.689	38.31
1933	13.150	4.940	37.57
1935	18.553	7.311	39.41
1937	25.177	10.113	40.17
1939	24.484	8.998	36.75
1947	76.175	30.242	39.70
		1914〜1947年　平均分配率	39.395%
		標準偏差	±1.663%
		相関係数	0.9996
1949	75.367	30.254	40.14
1950	90.071	34.600	38.41
1951	104.810	40.655	38.79
1952	109.354	43.764	40.02
1953	123.530	48.979	39.65
1954	113.612	44.631	39.28
1955	133.210	53.120	39.88
1956	143.710	55.070	39.02
1957	145.990	57.242	39.21

〔注〕1940〜1945年は第二次世界大戦
(マネジメント誌 Vol.20 No.4, 1961 p.10より)

表 42　わが国におけるラッカー生産分配原理の適用状況
（全製造業総計，通産省工業統計表による）

（単位100万円）

年次	生産価値（粗付加価値）	現金給与総額	給与分配率（%）
昭和26年	1,178,998	467,169	39.62
27	1,300,008	557,195	42.86
28	1,686,402	667,322	39.57
29	1,895,895	745,415	39.32
30	2,098,597	791,982	37.74
31	2,543,668	940,424	36.97
32	2,952,220	1,120,174	37.94
33	3,174,836	1,171,366	36.89

平均	38.86%
標準偏差	1.91%
相関係数	0.997

（今坂朔久編著『ラッカー・プラン』より）

わが国における分配率は平均三九％弱であるが、特色として、固定部分があるということであって、これは日本では不況期や閑散期にも〝一部解雇〟をしないところに原因があるのだ。ラッカー・プランを実施する場合には、この特殊事情を考える必要があろうと思われる。また、平均は三九％弱を示しているとはいうものの、傾向として大企業はこれより低く、中小企業においては高くなっている。それにもかかわらず大企業のほうの給与がよいのは、労働生産性の違いがそうさせるのであることはいうまでもない。

賃金率の安定度は、大企業は安定し、中小企業、それも小さくなるほど不安定になる傾向がある。また、業績が向上しているときは賃金率は下がり、業績が悪くなると賃金率は上がり、もしこの率が五〇%をこえるような状態が続けば、倒産の危機に直面しているといえるだろう。

このように分配率の高低、安定度、傾向などは、会社の病状判定の一つのカギとなる。

6・6 ラッカー・プランの誕生

〝生産分配の法則〟から引き出される結論は、コンチネンタル製紙会社のように、「生産価値に比例した賃金」を制度として設定することである。ラッカー氏は一九三三年に「産業復興のカギ」という論文を発表して〝生産分配の法則〟を明らかにし、続いて翌一九三四年に「生産性に比例した賃金制度」を、さらに一九三七年に「労働者の富裕に至る道」と題する書を著わしているが、これらの著書に盛られた、生産価値を基準とした分配方式を、『ラッカー・プラン』というのである。

生産価値に比例するということは、安定賃金への命題と同時に、インセンティブ・プラン（奨励制度）としての課題を満たし、さらに生産性向上を達成するためのチーム・ワークを推進する上にも、大きな効果が期待できるという、一石二鳥も三鳥も得られるものである。というのは、道徳的、倫理的にすぐれているだけでなく、確固とした実証的根拠と経済的裏付けをもっているからなのである。

ラッカー・プランの利点をまとめてみると、

1. 長期にわたる実証的裏付けをもっている。
2. 公平で労使どちらにもかたよるところがない。
3. 労使の利害が一致するので、期せずして協調が行われる。
4. 各種の革新や合理化が積極的に行われる。
5. 工数節減だけでなく、原材料の節約、原単位の切下げ、品質向上、有利な販売先の開拓など、総合的な関心と努力が払われる。
6. 賃金の総額が決まっているから、一人当りの取り分を多くするためには、少ない人員ほど有利なので、やたらな増員要求をしなくなる。
7. 賃金かせぎが目的の残業は、その分の賃金だけ、他の人の分け前が減るので、不必要な残業はお互いにいましめてしなくなる。

欠点としては、大きなものは何もなく、しいていえば、業績不安定な企業には適用されがたい点であろう。欠点ではないけれども、この制度は経営者の誠実さが成否のカギともなる重要な条件となっている。

ラッカー・プランは、アメリカの産業界の異常な反響を呼んだだけでなく、西ドイツ、イギリス、フランス、スペインなどにも翻訳紹介され、深い関心を集めたのである。そして、この制度を採用する会社も多数生まれ、いずれも好結果を得ているということである。わが国でも、十条製紙は割合に早くこの制度をとり入れ、好成績をあげているが、同社のやり方は、ボーナスにこれを適用しているということである。すなわち、ラッカー・プランによる賃金と月々支払った賃金との差額がボーナスになるのである。

ラッカー・プランはまだ、わが国においては周知のものとなっておらず、その普及と正しい適用については、これからのものであるといえよう。

ラッカー・プランを勇敢にとり入れようとする経営者、あるいは労働組合の指導者も、これからますます多くなってゆくことと思われるが、これを採用する場合には、専門的な会計手法を必要とする。生兵法でいくと、せっかくのラッカー・プランも、その公平さがそこなわれることになるので、この点はくれぐれも注意が必要である。やはり、専門にラッカー・プランを研究している人とか、実施体験者の意見を十分にくんで、万全を期すべきであろう。

6・7 労使共同経営へ

伝統的な会計理念、すなわち

売上高 − 原価 ＝ 利益

というような単細胞的なもうけ主義では、あまりにも複雑化し、かつ変化の激しくなった経営はやっていけないだろう。その上、利益というのは〝資本の増加〟という、単なる資本主義的な会計概念であり、労使の対立をひき起こすもとともなっているのである。これからの経営は、

産出高 − 投入高 ＝ 生産価値

という考え方でなければならないはず、そして、これの極大化をはかることこそ、経営者の最大最終の任務なのであって、これのみが企業を存続させる原動力であり、社会に対する貢献でもあるからである。すなわち、生産性は企業体の自己および社会に対する責任を表わすものである。そして、その生産性増大を実現するものこそ人間であり、人間以外の何者でもないのだ。企業体の成果は人間の働きいかんでどのようにでもなるものであるならば、その人間の能力を最高度に発揮させるための努力こそ、最も重要なものといえよう。

もはや人間の労働を、賃金というような原価要素の一つであるかのようにいう考え方は、一掃すべきであって、労働こそ資源を変質し、生産価値を生み出すものであるという認識に立たなければならない。そして、経営者も従業員も手を組んで生産価値の増大に寄与すべきである。経営者は最大成果をあげるための人間管理、経営担当者の管理を行い、従業員はその労働を最も有効に成果増大に結びつける努力をすべきで、その上、そこにあげられた成果は、当然のこととして労使の間に公平に分配されなければならないであろう。その成果の測定および分配の法則については、ラッカー・プランに教えてもらえるのである。

こうなってくると、もはや使うものと使われるものという関係ではなく、完全な労使の共同経営であって、そこにあるのは労使の対立ではなく、相互信頼の姿なのである。これこそ、企業の存続という経済的基盤と、人間的欲求の充足という倫理的な基盤の上に立った、理想的な経営態勢といえよう。

こうした態勢のもとに、労使一体となって生産性向上に励むことこそ、従業員の幸福、企業の発展、ひいては社会への貢献に結びつくものといえよう。

〈おもな参考文献〉

現代の経営（邦訳）　ピーター・F・ドラッカー著　自由国民社

現代の経営続編（邦訳）　〃　〃

新しい社会と新しい経営（邦訳）　〃　ダイヤモンド社

ポリシー・メイキング　松本雅男・畠山芳雄編　白桃書房

ダイレクト・コスティング講話　今坂朔久著　〃

近代的コスト・マネジメント　〃　〃

原価の魔術　〃　〃

ラッカー・プラン　〃　編著　日本能率協会

胸算用の科学　中島清一著　白桃書房

計画にくるいはないか　宮村邦雄著　〃

経営の赤信号　田辺昇一著　東洋経済新報社

経営の畑つくり　中島誉富著　白桃書房

能率学原論　上野陽一著　技報堂

一倉定（いちくら・さだむ）

1918（大正7）年、群馬県生まれ。36年、旧制前橋中学校（現在の前橋高校）を卒業後、中島飛行機、日本能率協会などを経て、63年、経営コンサルタントとして独立。「社長の教祖」「日本のドラッカー」と呼ばれ、多くの経営者が師事した。指導した会社は大中小1万社近くに及ぶ。1999年逝去

あなたの会社は原価計算で損をする【復刻版】

2021年9月6日　初版第1刷発行

著　者	一倉 定
発行者	伊藤 暢人
発　行	日経BP
発　売	日経BPマーケティング 〒105-8308 東京都港区虎ノ門4-3-12
装丁・本文DTP	エステム
印刷・製本	図書印刷株式会社

ISBN978-4-296-11001-8